これ一冊で

クマ
らない！

最強の
配当株投資

投資熊＝著

ぱる出版

はじめに

本書を手に取ってくださり、誠にありがとうございます。

　数多くある投資本の中でも本書をご覧いただいているみなさまは、背景は様々あれど、投資に興味がある─特に配当株投資について関心をお持ちかと思います。また、様々な情報源（Webサイト、SNS、本・雑誌、サロンなど）から投資に関する情報を得ていらっしゃるでしょう。

　そんな中、おそらくほとんどの方が一回は「情報過多」、「結局何をどうしたら？」と感じたことがあるのではないでしょうか。私も投資を始めたばかりの時はそう感じました。今でもよりリターンを出すために様々な情報に揉まれながら日々悩みの連続です。私がX（旧Twitter）で発信をするようになってから4年近くになりますが、情報の洪水に流され、時には溺れて、大変な思いをされる方々は嫌というほど見てきました。特にSNSは収益化につなげやすい面もあり、収益を狙って「根拠の提示がない極論（〜が最適、〜以外あり得ない 等）」や、「然るべき考慮がされていない断言や決めつけ（〜を買えば●％儲かる、〜さえ考えればよい等）」を発信してしまう方も多々見られます。人は強い言い方をされると、こういった発信を吟味せず受け入れてしまいがちです。そして思わぬ展開になると、慌てて冷静な判断ができず、当然結果も付いてこない─これがよくある失敗パターンです。私も最初はそうでした。

　今は誰でも気軽に発信者になれる時代ですので、発信される情報も数えきれないくらい多くあります。適当な発信者がいる一方で、非

常に誠実な発信者も多くいらっしゃいます。受け手側はそれらの情報を取捨選択する、組み合わせて自分のものにする作業が必要です。我々はただでさえ忙しい現代人ですので、溢れる情報を一から吟味している時間はありません。

　そこで、本書が読者のみなさまにとって「少しでも近道を探せるきっかけ」になれればと考えております。詳しくは後述しますが、私は数多くの失敗を乗り越えて、ようやく配当株投資に関しては安定的な運用ができるようになりました。その過程で得られたものをこの一冊にまとめています。

私が投資を始めた理由

　私が投資を始めたのは、2016年のことでした。何もかも普通な一般家庭で生まれ育った私は、「何をするにあたってもお金の制約からは逃れられない」と日ごろから思っていました。いい話であっても、悪い話であっても、生きていくうえには必ずお金が必要です。「お金が全てである」と主張するつもりは毛頭ありませんが、お金の使い方によって人生の中身はいくらでも変えることができます。長い人生において、お金の不安を少しでも和らげるためにも、少しでも人生をランクアップさせるためにも、もはや投資は必須と言っても過言ではないでしょう。「投資でお金持ちになって家族を楽にしてあげる、そして自分もよりいい思いをする」そう誓った私は、長い投資人生を歩み始めたのです。

今の私が存在できるのは、これから語る数多くの大失敗のおかげ
です。私は投資（今振り返ればただの投機もありますが）で何度も大失敗
をしてしまいました。いわゆる「退場」だけでも7回です。「家族を
楽にしてあげたい」などと格好つけて語っておきながら失敗してし
まったのです。当時の自分は「必死でやっている」と思っていまし
たが、振り返れば、「しっかり考えることを放棄して、ただ間違えた
方向性に進んでいただけ」でした。いわゆる「頑張ったつもり」と
いうものです。

最初の失敗は「高配当株」でした。何も考えずに自分が知ってい
る有名な高配当銘柄を買い、ホールドしていましたが、業績悪化によ
る株価下落＆減配のダブルパンチを食らい、退場しました。

2回目の失敗は「仮想通貨」でした。何も勉強せず、とある掲示板
で「暴騰する」と噂されていた銘柄を買い、実際に買ってほどなく
して数十倍に高騰しましたが、すぐに下落してしまいました。そこで
私は正常な判断ができず、狼狽トレードを繰り返し、ほぼ全額失って
退場しました。

3回目の失敗は「投資案件」でした。SNSでいきなり降臨？した凄
腕投資家のプロジェクトに出資しましたが、1～2カ月して主催側が
飛んでしまい、全額失って退場しました。

4回目の失敗は再び「仮想通貨」でした。同じような内容の失敗
でした。掲示板でインフルエンサーが煽っていた銘柄を買い、大暴落

に巻き込まれて退場しました。

　5回目〜7回目の失敗は「FX」でした。特段勉強などはせず、自分の勘のみでトレードを繰り返し、特に相場が大きく動いた時にゼロカットを食らうパターンで退場しました。これを3回しています。

　ここまでお読みいただいたみなさまはお気づきかと思いますが、全部同じような失敗をしています。「何も努力せず楽にお金を増やそうとして、一切の準備をしなかった」これに尽きます。楽して儲かるなら、今頃みんな億万長者です。現実はそうではない時点で察するべきでした。

8度目の正直、ようやく結果が出せるように…皆様にお伝えできること

　ここまで読んでいただいたほとんどの方が「何で失敗ばかりしてきたお前が本を書けるんだ」と思っていらっしゃることでしょう。私も書いていて同じことを思いました。たくさんの失敗をしてきた私ですが、それを乗り越えて、ようやく安定的な運用ができるようになりました。多くの失敗を経験し、必死で研究して仮説検証を繰り返した結果、今の運用方針にたどり着きました。参考までに少しだけ触れておきます。

　長期保有の「コア」と、短期〜中期でリターンを狙う「サテライト」、そこに将来のコア銘柄になることが期待できそうな銘柄を"青田買い"する「第2のコア」を加えた「ダブルコア＋サテライト戦略」が今の私の運用方針です。特に、「コア」はインデックス（全世界）を中心に、自分なりに考え抜いて選んだ配当銘柄を複数組み入

れており、成果を出すことができています。私自身も得意な分野だと認識しています。配当銘柄は、通常は15〜20銘柄ほど抱えていて、現時点では9銘柄がダブルバガー（2倍）以上を経験しています。コロナショック時に仕込んで、その後の上げ相場に乗ることができたのが大きな要因ではありますが、既に保有している銘柄は安定運用できているので、今は「第2のコア」を見つけることに注力しているところです。

　本書では配当株投資について真剣に考え、結果も出してきた私が持つノウハウを、可能な限り分かりやすい形で込めました。配当株投資に必要な基本的事項に加え、投資をするにあたり非常に大事な自分自身の軸の決め方やメンタルセット、ポートフォリオの維持保守方法、本書で取り上げてきたエッセンスをまとめた銘柄選びに役立つ「投資熊流チェックシート」、多数の配当銘柄をまとめた付録まで、この一冊で配当株投資に関して一気通貫でみなさまが欲しい情報を手に入れられるようにしました。

　本書がみなさまの投資に役立つことを、心より願ってやみません。

CHAPTER 2

「投資熊流」優良配当銘柄の ——————47
選び方〜13のポイント〜

配当株投資を
やるにあたって

「配当金」とは？

　本題に入る前に、配当株投資の大前提となる「配当金」がどういうものかについて触れていきたいと思います。当たり前すぎて触れられないことも多いですが、配当金がそもそもどんなものなのかを知っておくことで、銘柄を選ぶ時のスキルが1ランクアップします。

　株式投資における「配当金」とは、企業が得た利益の一部を株主に分配する（還元する）お金のことです。そのため、基本的に配当金は利益があってこそ出せるものです。景気悪化、産業の斜陽化、経営失敗、大規模災害などにより、稼ぐ力が落ちてしまい、利益が減少すると、配当金を減らす「減配」になることもありますし、さらに厳しい場合は配当金自体を出さない「無配」という状態に陥ります。

　この減配や無配はもらえる配当金が少なくなったりなくなることで、これだけでも悲しい話ですが、こういうネガティブニュースが出てしまうと、株価も下がる可能性も大いにあります。そのため、配当にも株価にもマイナス影響が出てしまい、ダブルパンチを食らうこともあります。できる限り減配や無配には遭いたくないものです。

　もちろん、利益がなくても配当金は出せるという、例外もあります。しかし、その場合は企業が持っている余剰金などを取り崩すことになるので、どちらにせよあまりいい状況とは言えないでしょう。

　では利益があれば配当金は絶対出るのか？―そんなことはありません。配当金を出す、出さないは企業の自由です。一般的にいわゆる「成長企業」は、利益をできるだけ投資に回すことで成長し、企業価値の向上が優先されることが多いため、利益があったとしても配当

金を出さない、もしくは出すとしても少額だったりします。

　込み入ってきましたので、配当金とはどういうものか一旦まとめてみましょう。

「配当金は基本的には利益あってこそのものである。配当金は企業の判断で出されるか決まるため、必ず受取れるとは限らない。企業に利益があっても分配されないケースや、利益がない場合でも分配されるケースもある」

　冒頭で、「配当金がそもそもどんなものなのかを知っておくことで、銘柄を選ぶ時のスキルが1ランクアップする」と書きましたが、これで既に銘柄を選ぶ時のポイントが4つ明らかになりました。

- 利益が（できればコンスタントに）出せている企業を選ぶ
- 配当金を出しすぎる企業は危険である
- 企業ごとの配当方針を確認し、配当方針がしっかりしている企業を選ぶ
- 配当履歴を確認し、減配や無配があるかチェックする

　これらはどれも銘柄選びをする時にすごく大事になってくるポイントです。もちろん銘柄の選び方はこれ以外にもたくさんありますが、この後しっかり触れますので、ご安心ください。

そもそも投資といっても様々な方法があります。その中でも、株式投資で利益を得る方法は、2パターンに大別できます。「キャピタルゲイン」と「インカムゲイン」です。

「キャピタルゲイン」は、保有している資産を売却することによって得られる売買差益のことです。「売却益」と言ってもいいでしょう。キャピタルゲインを目的とした投資では、資産価値の上昇が期待できるものに投資する必要があります。例えば、「株価が上がりそうな銘柄を買って、買った時の値段より高くなったら売却して利益を得ること」がこれに当てはまります。我々がよくイメージする「株式トレーダー」は大体このキャピタルゲイン目的の取引を行う人かと思います。

「インカムゲイン」は、資産の保有中に継続的に得られる収益のことです。配当株投資はこれに当てはまります。インカムゲインを目的とした投資では、長期的に安定した収益が期待できるものに投資する必要があります。例えば、一番分かりやすいのが株式の配当金で、他にも投資信託の分配金、債券の利子、不動産の家賃収入などが挙げられます。ここでのポイントは、「長期的に安定した収益が期待できるものに投資する必要があること」です。株投資で言い換えれば、「長期的に安定して配当金を出してくれる銘柄に投資する」ということになります。当たり前の話ですが、これがなかなか難しいのです。そのため本書では、長期的に安定した配当金がもらえるにはどうしたらいいかを全身全霊でアプローチしていきます。

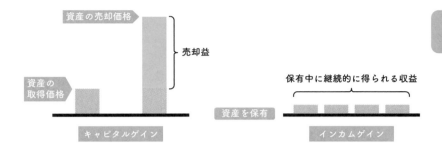

配当株投資の特徴

　一般的に配当株投資を語る時は、よくメリット/デメリットという軸で語られますが、比較対象となるもの（投資方法や銘柄）によるところが非常に大きいのと、人によって考え方は様々あります。そのため、誰かにとってのメリットは誰かにとってのデメリットでもあります。逆もしかりです。そこで本書では「特徴」という形で整理します。

すぐに大儲けできるものではなく、時間をかけてコツコツとリターンを享受する投資法である

　配当株投資は「インカムゲイン」を目的とした投資です。つまり、売買を通して利益を得るものではなく、銘柄を保有することでもらえる収益（＝配当金）を狙うのが基本的なスタンスとなります。もちろん、株価が上がれば利益確定してもOKです。加えて、配当金は「企

業が得た利益の一部を株主に分配する（還元する）お金」ですので、超大量に出せるものでもありません。競争激化が進んでいる今の世の中では、よほどの成長企業ではない限り、利益がいきなり10倍や20倍になることは考えにくいです。あるとしても、景気連動型（好況の時は利益＆配当金↑、不況の時は利益＆配当金↓）の銘柄である場合が多いので、配当金が安定しない（乱高下する）傾向にあります。主に海運や鉄鋼がこの傾向に当てはまります。（例：日本郵船）安定して配当金を出している企業の場合でも、基本的には長期間同じ額の配当金を出すか（例：武田薬品工業）、徐々に配当金を増やすパターン（例：NTT）が多いです。

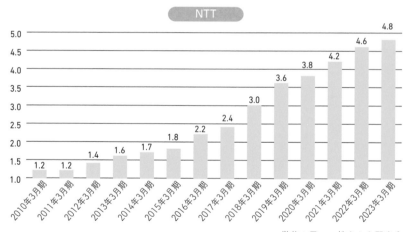

単位：円　一株あたり配当金

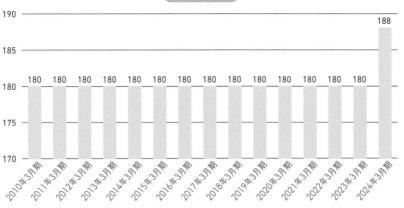

武田薬品工業

単位：円　一株あたり配当金

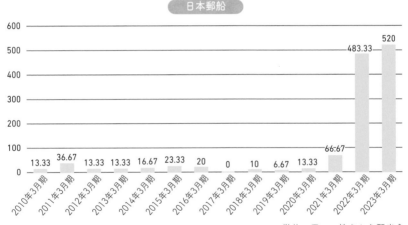

日本郵船

単位：円　一株あたり配当金

　それでは、配当金は実際にどれくらいもらえるものなのか、相場を
確認しておきましょう。

　厳密な定義はありませんが、一般的に「高配当」と呼ばれる銘柄

の配当利回り（年間）は、3%〜4%程度と言われています。ただ、現在は株高の相場ですので、3%もあれば十分高配当と言えると思います。年間配当利回りが3%の銘柄に100万円投資すると、配当金として3万円もらえる計算です。※日本株の場合、配当金には20.315%の税金がかかりますので、手取りは8割を少し切ります。

■日本の有名な高配当銘柄の例
（データは2024年4月5日時点）

会社名	特徴	配当利回り
JT	国内首位＆世界3位のたばこメーカー（販売数量）	4.73%
武田薬品工業	国内首位＆世界11位の製薬会社	4.56%
ソフトバンク	国内3位の通信会社（ソフトバンクGの中核企業）	4.48%
日本製鉄	国内首位＆世界4位の鉄鋼メーカー	4.45%
三菱ケミカルG	国内首位の総合化学メーカー	3.52%
住友商事	国内4位の総合商社	3.41%
コマツ	国内首位＆世界2位の建機メーカー	3.22%
日本郵船	国内首位の総合海運会社	3.19%
ブリヂストン	国内首位＆世界2位のタイヤメーカー	3.19%
大和ハウス工業	国内首位のハウスメーカー	3.14%
INPEX	国内首位の原油・ガス開発生産会社	3.08%
ENEOS HD	国内首位の石油元売り会社	3.03%
オリックス	国内首位のリース会社（多角的金融サービス会社）	2.95%
三菱UFJFG	国内首位の金融グループ	2.69%
東京海上HD	国内首位の損保会社	2.54%

　ここで挙げた銘柄を含め、日本で配当利回り3%を超える高配当銘柄は約1,000銘柄（2024年4月5日時点）ありますが、そのほとんどが

3％〜4％台の間に収まっています。そのうち、配当利回りが5％を超えている銘柄は70もありません。そのため、配当株投資は一夜にして大儲けできるような投資法ではなく、コツコツと一定のリターンを享受し続ける投資法であることを知っておきましょう。銘柄にもよりますが、主要インデックス（全世界、S＆P500、ダウ平均、ナスダック100等）にもリターンで負けることがあります。

自分でしっかり考えられる人に 向いている投資法である

　配当金をもらうためには、配当金を出してくれる銘柄を自分で選んで保有する必要があります。銘柄を選ぶには、材料（判断軸）がないと何も進みません。この「判断軸」とは何なのか？そもそもここから考える必要があります。

　何の軸もなく、いきなり自分に合った銘柄をガンガン見つけてポートフォリオを組むことは難しいです。軸がない状態でやれることは、誰がどんな理由ですすめているか分からない「おすすめ銘柄」に飛びつく、自分が知っている有名な銘柄に飛びつく、せいぜいこれくらいだと思います。これらの方法がダメというわけではありませんが、自分の意思が絡まない銘柄と長期的に付き合っていくのは厳しいです。自分の軸がないので、他人にかなり振り回されることになります。他人の恣意性が多分に入った断片的な情報を目にし、本来自分にとっては不要な銘柄に飛びついてしまう、ホールドした方がいい銘柄を手放してしまうなど、非効率な行動を取ることになり、結果として大変な回り道をしてしまうことになります。手戻りを繰り返

すくらいなら、最初少し苦労してもしっかり考えておいた方が後々楽です。自分の軸は、後で変わっても問題ありません。投資に対する知識量や経験が増えてくると、軸は変わってくることもあります。大事なことは、現時点で自分にとって最善な「軸」をしっかり考えておくことです。

自分の好きなようにポートフォリオが組める

　配当株投資の特徴であり、魅力でもあるのが「自分の好きなようにポートフォリオが組めること」です。配当株投資においてポートフォリオを組む理由は大きく2つです。

①分散の必要性

「卵は一つのカゴに盛るな」という相場格言が示すように、分散は非常に重要です。1つの銘柄にオールインしてしまうと、その銘柄がコケてしまった場合、そっくりそのままダメージを負います。銘柄がコケる理由は数多くあり、普段からしっかり銘柄を見ていれば分かるものもあれば、予測がつかないもの（特に不祥事）もあります。一般投資家がこういう悪材料を的確なタイミングで100％避けきることはほぼ不可能です。リスクを考えて5銘柄でも10銘柄でも分散をしておくと、1銘柄くらいコケたところで、他で十分カバーが可能です。ただし、ポートフォリオにおけるそれぞれの銘柄の割合にもよります。配当株投資は、長期で安定的に配当金をもらえてこそ真価を発揮する投資です。できる限り配当金に対するネガティブ要素を排除してポートフォリオを組む必要があります。

②自分の好みを実現するため

　ポートフォリオを組む楽しさはここにあります。自分好みの投資を実現できることができるのです。

　たとえば、とにかく配当金だけをたくさんもらいたいなら、高配当銘柄を中心にポートフォリオを組めばOKです。もちろん高配当銘柄にはリスクがあります。配当金を「育てる」ことが楽しいと思うなら、有名な連続増配銘柄や、今後増配率がすごく高くなりそうな銘柄を掘り出してポートフォリオを組むのもいいでしょう。ある程度銘柄を知っている私は、こちらの方が好きだったりします。

　逆に、こうやってあれこれ考えるのが嫌いという方は配当株投資に向いていないとも言えるかもしれません。これは悪いことではなく、投資に対する価値観は人それぞれですので、自分に合う投資方法を選べばいいという話です。

相場に張り付かなくてもいいが、 ほったらかしは×

　配当株投資は、基本的に株の売買を繰り返すことで利益を得る投資法ではありませんので、いわゆるデイトレーダーみたいに四六時中チャートを眺めながら、株価の推移やニュースや指標などをチェックする必要はありません。だからといって、何もせずほったらかしにするのは禁物です。

　理由は極めてシンプルで、「何が起きるか分からないから」です。いきなり配当方針を大きく変更するかもしれませんし、悪材料がわんさか出ることもあり得ます。当たり前ですが、どんな企業であれ

「絶対」はあり得ません。絶対に潰れないとも限りませんし、絶対に売上が落ちないとも限りません。分かりやすい例がコロナで、プラスであれマイナスであれコロナによって何かしら「変化」を強いられた企業は非常に多いでしょう。世の中は何が起きるか分かりませんし、自分が投資している企業もどうなるか分かりません。そのため、長期的に配当金をもらい続けたいのであれば、「この銘柄は大丈夫なのか」、これを都度チェックする必要があります。

　何をどうやってチェックするのか？代表的なもので必ず行う必要があるのが、毎回の決算チェックです。決算は、一定の会計期間が終了した際に、該当期間中における会社の資産や利益などの状況を明確にするための手続きです。これにより我々は、企業の業績や財務状況を正確に把握することができます。基本的に配当株投資であれば、配当金をもらい続けるために長期保有するのが前提になると思います。過去の数字だけ見て安心するのではなく、「今後も大丈夫そうなのか」を決算資料を見ながら自分で考えないといけません。これがなかなか難しいことではありますが、怠ってしまうと明らかに先行き不安な兆候が出ているのに見逃してしまい、株価下落や減配、無配になって慌てて対応を強いられることになります。決算チェックは非常に重要なことですので、詳しくは第5章でも触れます。

　株価も意外と重要です。毎日何回も見る必要はありませんが、株価が上がる原因や下がる原因は様々あり、どちらかに大きく動いた時には、必ず何かしらの材料があります。

　そのため、株価と合わせてニュースもチェックするようにしましょう。出た材料がいい材料であれば幸せな気分で保有を続ければいいのですが、悪い材料の場合、中身をしっかり見て、影響の大きさ

はどれくらいか、短期的なものか、長期的なものか、色々自分で考える必要があります。材料を勘案したうえで、保有を続けるか切るか、場合によっては攻めの姿勢で敢えて買い増すかの判断も必要になってきます。明らかに危険（減配や無配）な銘柄を握り続ける必要はありません。配当金をもらい続けたいなら、しっかり今後も配当金を出してくれるかチェックするようにしましょう。ほったらかしにしていい理由はありません。

鵜呑みにしない方がいい
配当株投資に対する発信4選

　本節では、配当株投資について調べているとよく目にする発信について、フラットに考えていきたいと思います。世の中には色んな情報があり、中にはしっかりと考慮がされておらず、ミスリードを誘うような情報も多くあります。これらをきちんと考えずに取り入れてしまうと、銘柄を選ぶ時にバイアスがかかる原因になりますので、ここでしっかり考えていきましょう。

その1：配当株投資は「ローリスク・ローリターン」である

　配当株投資はインカムゲイン VS キャピタルゲインという構図で比較されることが多いです。一般的にインカムゲイン＝ローリスク・ローリターン、キャピタルゲイン＝ハイリスク・ハイリターンという形で整理されます。一般論としては間違っていません。ただ、だからといって何も考えずに「配当株投資＝ローリスク・ローリターン」だと断定してしまうことは良くないです。なぜなら、銘柄によって結論が変わってくるからです。後付けでは何とでも言えますが、実

例として2つの銘柄を比較してみましょう。

■東京電力HD

　一昔前は安定銘柄として名高かった東京電力HDの配当金と株価の推移を見てみましょう。東京電力HDは1990年〜2006年の間に減配歴はありません。

１株あたり配当金の推移

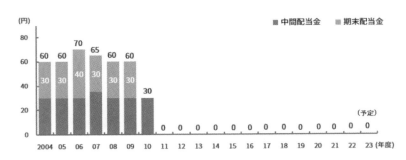

（出典）東京電力公式HP

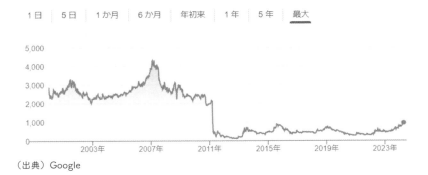

（出典）Google

　みなさんもご存じのように、東京電力HDは東日本大震災をきっ

かけに無配転落。株価も震災前と比べて70％以上下落している状態です。これは果たしてローリスク・ローリターンでしょうか？人によって見方は様々ありますが、私には到底そうは思えません。

■信越化学工業

（出典）IRBANK　　　　　　　　　　　単位：円　一株あたり配当金

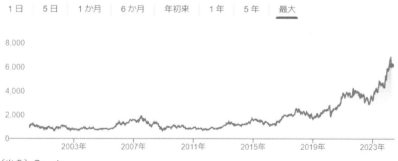

（出典）Google

　信越化学工業は40年以上減配をしておらず、株価も20年前と比べて6倍以上に上昇しています。ローリスクかは何とも言えませんが、リターンは素晴らしいです。配当金も株価も伸びていて、現時点では

極めて優秀な銘柄と言えるでしょう。

　この2銘柄からもお分かりいただけるように、リスクとリターンは銘柄次第で大きく変わります。そのため、配当株投資がローリスク・ローリターンかは一概には断定できないということを知っておきましょう。とはいえ、過度に恐れる必要はなく、ポートフォリオを組むことで、リスクはある程度コントロールすることができます。

その2：「累進配当」「連続増配」の銘柄を選べばOK！

「累進配当」、「連続増配」配当株投資についてあれこれ調べていると、必ず目にするワードです。連続増配の意味はみなさんご存じだと思いますので、説明は割愛します。

　累進配当とは、「長期にわたって配当を維持、あるいは増配すること」を指します。では、これらの特徴を持つ銘柄を保有することは安全なのでしょうか？間違ってはいないですが、そうとも言い切れません。理由は2つあります。

①配当方針は企業の意思次第でいくらでも変えられる

　配当金を支払うかは企業が決めます。企業に利益があっても配当が出ないケースや、利益がなくても配当金が出るケースもあります。累進配当銘柄や連続増配銘柄は、それ自体が銘柄を買う理由にもなりうるので、企業側もおいそれとは累進配当や連続増配を止めることはできないでしょう。これを崩せば、株主たちが一気に離れるきっかけにもなるためです。しかし、配当金を出す、出さない、どれくらい出すのかは、企業の事情が優先されるので、全ては企業の意思次第です。そのため、累進配当や連続増配が当たり前のように今後も続いていくものだと思い込むのは危険です。

　実際に、配当に関する宣言を出しておきながら履行されなかった

例を見てみましょう。何と石油元売り2位の「出光興産」です。

株主還元

2019〜2021年度　還元方針
総還元性向50%以上の株主還元を実施

- 一株当たり配当金160円を下限とし、株主還元額の10%以上を
  自己株式取得に充てる
- なお、取得した自己株式については消却を予定

自己株式取得
- 2019年11月15日より実施した自己株式取得が1月24日に終了。
  （1月27日に当社HPおよび東証に開示済）

(1)取得した株式の総数　　4,060,800株（取得全株式を消却予定）
※発行済株式総数（自己株式を除く）に対する割合 1.34%
(2)株式の取得価額の総額　11,999,847,800円

（出典）出光興産　2019年度第3四半期決算説明資料

　出光興産は、決算説明資料で「2019年〜2021年度の還元方針として、1株当たり配当金は160円を下限とする」と宣言しています。しかし、この宣言は守られることはなく、2021年度は減配してしまいました。（2019年度：100円→2020年度：160円→2021年度：120円）

　これだけでも企業の意思で配当方針はいくらでも変えられることはよくお分かりいただけたでしょう。

②過去は未来を保障しない

　これは当然といえば当然の話ですが、意外と看過される傾向が強いポイントです。確かに今まで何十年も非減配や連続増配を貫いてきた企業は間違いなく強いです。業界トップであったり、とある分野で圧倒的なシェアを持っていたり、参入障壁の高い業界で安定的な

業績を上げていたりと、様々な強みを持っていることが多いです。しかし、これらの強みが「今まで続いてきたこと」と「今後もずっと続くこと」は別問題です。技術革新が起きて今まで保ってきたシェアを大きく落とすかもしれないし、コロナのように全世界にネガティブな影響を及ぼす出来事が起きるかもしれません。特に連続増配銘柄の場合は、配当の元となる利益が伸び続けないと、いずれは限界が来ます。今まで何十年累進配当や連続増配を貫いてきたからといって、今後も何十年累進配当や連続増配を貫けるとは限らないということを念頭に置きましょう。「今後もきちんと続けられるのか」をあらゆる判断軸を持って、自分なりに判断していくしかないのです。

その3：有名人の「死ぬまで持ちたい銘柄」を選べば安泰！

　おそらく、配当株投資を既に始めている方でも、これから始めようとしている方でも、本書以外に様々な情報に触れるかと思います。その中で特に、SNSや投資系の本・雑誌で人気テーマの一つとして、「死ぬまで持ちたい銘柄〇〇選」といった訴求で銘柄情報が出回ることが多く、目にされる機会も多いでしょう。これをそっくりそのまま信じるのは厳禁です。理由は2つあります。

①発信者と受け手（みなさん）の価値観が一致するとは限らない

　著名人のSNSや本・雑誌で「死ぬまで持ちたい銘柄〇〇選！」と訴求されると、一気に信用度が増す印象を受けます。しかし、「人の数だけ考え方がある」という言葉があるように、発信者の数だけ考え方があります。なぜ死ぬまで持ちたい銘柄なのか？は人それぞれ考え方があるということです。SNSでインプレッション稼ぎで案外適当なことを言ってしまう発信者もいれば、逆に自分なりの軸で考

え抜いて慎重に発信している発信者もいるでしょう。

　ここで自問自答してみてください。

- その人が死ぬまでの期間と自分が死ぬまでの期間は一致するか？
- その人の考え方が途中で変わらないと断言できるか？
- 仮にネガティブ要素が出た際、耐えられるか、耐えられるとしたらどれくらい耐えられるのか、撤退の判断軸はどこか
- 投資判断に重大な影響を及ぼす要素に対し、発信者と自分は一致しているか？

　発信者はいちいちみなさんにどうしろとまでは言わないでしょうし、言う義理もありません。また、最初から100％完璧な思考ができる人はなかなかいません。途中で考え方が変わることもあります。どうするかは自分で決めることです。もちろん誰も信用するな・排除しろという話ではありません。参考にするなら、どういう観点で死ぬまで持ちたい銘柄なのか。ここを自分で考える、聞いてみる、自分の判断軸に当てはめてみて取捨選択する、こういった作業を挟むことが必須です。銘柄を「死ぬまで持ちたいかは自分で判断するもの」です。

②過去は未来を保障しない

　繰り返しになりますが、現時点ではいくら優秀な銘柄であっても今後もそれが続くかは分かりません。もちろん、現時点優秀な銘柄は将来もそうである蓋然性は高いでしょう。しかし、それでも将来のことは分からないのです。分からないから思考を放棄するのではなく、少しでも解像度を高めておくことが重要です。発信者がその銘柄の将来についてどこまで考えて発信しているのかも分からないので、

やはりここもしっかり自分で考えて判断せねばなりません。

その4：配当株投資は株価のことは考えなくてもいい！

　これは様々な考え方があるため、人によって正解が違うでしょう。そのうえで私の考えをお話しするなら「配当株投資は株価のことは考えなくてもいいのか？」という問いに対する答えは、私は全くそう思わないし、危険な考え方であると思っています。理由は2つあります。

①株価は万能ではないが、企業の状態を測る一つの指標だから

　相場操縦など不適切要素がないことが前提ですが、株価は企業の成績表のようなものです。株価が上がるのは基本的にはいいことですが、株価が下がる場合、投資家が売りたい状態＝何かネガティブな材料が存在しているということです。

　例えば、業績悪化、不祥事、成長鈍化、不景気、大規模災害など、株価が下がる悪材料は多数存在します。その中身次第ではありますが、悪材料があると「減配」や「無配」に陥ることも十分あり得ます。そのため、株価は頻繁にチェックする必要はありませんが、自分が保有している銘柄の株価の傾向がどうなっているかくらいは定期的にチェックしましょう。

　株価下落が一時的なものなのか、大暴落の序章なのか、将来予測は極めて難しいです。だからといって何もしないのは悪手です。「配当株投資だから」という理由で、株価のことは一切気にせず、悪材料が表面化してから狼狽して、最悪な判断をしてしまうことの方がより悪い状況でしょう。気づいたら、減配や無配転落、株価も下落。残ったのは大きく減った資産となっては悲惨です。早とちりして利益を逃すことは本当に痛いことですが、大損するよりは遥かにマシです。

②そもそも株価上昇による利益もれっきとした利益である

　私はここが一番大事な考え方だと思っています。当然ですが、配当株投資における利益は、株式を保有し続けることでもらえる配当金です。株を売ってしまえば、配当金は手に入りません。しかし、配当株投資はそもそも「株式投資」の一つの方法であることを忘れてはいけません。株価上昇による利益もれっきとした利益なのです。
「配当株投資だから株価がいくら上がっても意味はない」
「利益があるからといって売ってしまえば配当金が入らない」
「目先のキャッシュフローをより豊かにしたいから配当株投資を選んだ」

　と思っている方もいるかもしれません。それ自体は何一つ間違ってはいませんが、落ち着いて広く考えてみましょう。そもそも投資は何のためにするものでしょうか？中でも、配当株投資は何を目指してするものでしょうか？色々背景はあると思いますが、投資はお金を増やすためにやるものです。配当株投資をやる理由は、目先のキャッシュフローを充実させたいからです。なら、仮に持っている銘柄の株価がすごく上がった場合、それを売れば（一部でも全部でも）その分の利益が「確実に」手に入ります。この選択肢を「配当株投資だから」という理由だけで、最初から排除していいのでしょうか？もちろん、「もっと上がりそうだ」、「売らずに持っている方がよりお得そうだ」と思う理由があれば、必ずしも銘柄を売る必要はありません。何のための投資なのか思考を放棄せず、自分で一回考えてみるのがいいでしょう。

配当株投資をするにあたって
押さえておくべきこと（事前作業）

　ここまで「配当株投資とはどんな投資か」というのを様々な角度で考えてきました。本節では、いよいよ配当株投資を実際に進めるにあたって必要な「事前作業」を行います。

自分の「軸」を決めよう

その1：想定運用期間（いつまで投資を続けたいか）

　これがはっきりしていれば、「銘柄選びやポートフォリオの方向性」が定まります。そのため、可能な限り具体的な数値を設定しましょう。

　たとえば、死ぬまで配当株投資を続けて配当金をもらい続けたいのであれば、基本的には自分が思う「死ぬまで持ちたい銘柄」を中心に選んでポートフォリオを組むことになります。人によって期間は異なりますが、若い人は50年や60年、比較的投資を遅く始めた人でも20年や30年はあるでしょう。もちろん、その数十年の間、配当を出し続けてくれる銘柄だけをきっちり選んでポートフォリオを組むことは極めて難しいです。だからといって、何も考えずに適当に銘柄を選んでしまうと、自分が想定している運用期間のうちに問題が発生する可能性が高まります。それこそ運用期間を考えずに、リスク高めの高配当銘柄ばかり選んでしまうと、減配祭りになる可能性もあるでしょう。

　想定運用期間が長くない（5年や10年）場合は、有名な高配当銘柄や連続増配銘柄をいくつか選んでおくだけで、何とかなる可能性は

それなりにあります。逆に想定運用期間が長いほど、銘柄選びの難易度は高くなります。最初から一生配当を出し続けてくれる銘柄に出会えればいいのですが、それはなかなか難しいです。できる限り長い間配当金を出してくれそうな銘柄を慎重に選んで、ポートフォリオ全体として「一生配当を生み出せる状態」を作っていくしかありません。その過程として、決算をチェックし、今後も大丈夫そうなのか、銘柄の力量をチェックしていく必要があります。私はこのチェック作業を「ポートフォリオの維持保守」と呼んでおり、極めて重要な作業だと位置づけています。

その2：投資に充てられる時間・熱量

これを明確にすることによって、「どこまで攻めるか」を決めることができます。もちろん、誰もがリソースをかけずにいい銘柄を選びたいはずです。しかし、現実は甘くありません。基本的には2軸でいいでしょう。

程よく時間をかけて堅実に進める or さらなる高みを目指してトライする―この2軸です。投資経験によって考え方が変わることもありますので、現時点での自分のスタンスで構いません。配当株投資を選んだ時点で、「何もリソースをかけない」という選択肢はありません。とにかく効率的な投資を求めるなら、配当株投資ではなく、インデックス投資（中でもメジャーなインデックス―全世界、全米、S＆P500など）の方が向いています。

程よく時間をかけて堅実に進めるのであれば、既にある程度検証されている有名な大型銘柄や連続増配銘柄の中から、自分がよさそうだと思った銘柄を選ぶのが分かりやすいでしょう。もちろん、「今後も配当金しっかり出してくれそうか」を自分でしっかり分析する

作業は必須です。

　もっと効率的にしたいのであれば、個別株ではなく、ETFという選択肢もあります。ただ、ETFの場合、手数料（経費）がかかるのと、自分にとって合わない銘柄が組み込まれている場合がありますので、しっかり中身をチェックしましょう。

　さらなる高みを目指したいのであれば、もらえる配当金を極限まで伸ばしたり、配当金だけではなく株価も含めたトータルリターンも伸ばしたりすることが挙げられます。そのためには、膨大な数の銘柄を知る必要があり、それらの中でも特にポテンシャルがありそうな銘柄を見つけないといけません。さらにそのポテンシャルがありそうな銘柄を選ぶには、どのような条件で銘柄を選定しないといけないのか、これをあらゆる側面から考え続けて、検証し続ける必要があります。

その3：自分の性向

　ポートフォリオの方向性を決める大事な要素です。自分の想定運用期間と合わせて検討するのがいいでしょう。何か自分の中で決まっているものがあれば、それに従って動いていただければ構いません。目指したい利回り、いいと思う配当金のもらい方、何でもOKです。もし、まだ定まり切っていない場合は、とりあえず今から挙げる3パターンのうち、自分が惹かれるものは何か考えてみましょう。

①高配当型

配当利回りを重視するタイプです。「未来より今」という価値観です。強みと弱みは次の通りです。

- 強み：最初からたくさんの配当金をもらえる
- 弱み：減配リスクをそれなりに抱えている、利回りを上げるほど減配リスクが大きくなる、増配余力が少ない傾向の銘柄を中心に保有することになる

■イメージ

株価1,000円、配当利回り4%、毎年一定の配当金をもらうパターン

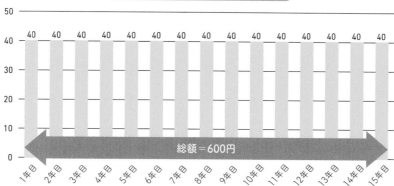

単位：円　一株あたり配当金

利回り4%〜5%以上、さらに攻めて6%台も目指すイメージです。比較的運用期間が短めで、すぐに配当金の効果を享受したい方向けです。

荒っぽい言い方にはなりますが、「配当利回りの高さ＝リスクの

高さ」だと思ってください。配当利回り（年間）は、もらえる配当金を株価で割ったものです。厳密には、1株あたりの配当金（年間）÷株価 × 100（%）。つまり、配当利回りが上がる代表的な要素としては、「配当金が増額される」、「株価が下がる」ことが挙げられます。配当金も増額されて株価も上がるような銘柄は、理想の銘柄といえるでしょう。しかし、株価が下がった、結果高配当になってしまった銘柄、これが厄介です。

　株価は企業の成績表みたいなもので、株価が下がるということは、何かしら懸念材料が存在しているということです。中身次第では「減配」や「無配」に陥ることも十分あり得ます。あとは、単純に利回りが高いということは、最初からたくさんの配当金を払っていることになるので、増配する余力がない、もしくは少ないことが多く、少しでも業績にダメージがあるとすぐに減配してくることも考えられます。そのため、一概に「配当利回りが高い＝いいこと」とは言えないのです。

②増配追求型

　増配を重視するタイプです。「今より未来」という価値観です。強みと弱みは次の通りです。

- 強み：もらえる配当金がどんどん増えていく
- 弱み：配当金を最初は多く受け取れない、銘柄選定の難易度が意外と高い

■イメージ

　株価1,000円、配当利回り1%スタート、毎年高い増配率を実現しているパターン

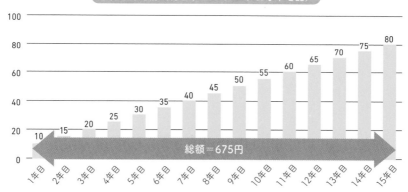

連続増配銘柄（利回り1%スタート＆毎年増配）

総額＝675円

単位：円　一株あたり配当金

　利回り1%台半ば〜2%程度からスタートするイメージです。連続増配銘柄でも利回り3%を超える銘柄は探せばあるので、やり方次第ではこの辺からのスタートも可能です。最初のうちはもらえる配当金が多くなく、配当株投資のうまみをそこまで感じることはできません。しかし、難しいですがしっかり増配してくれる銘柄を選べば、勝手に配当金が増えていくという素晴らしいスキームの出来上がりです。配当株投資の理想とも言える形でしょう。特性上、運用想定期間が長めの人がやるとすごく強いパターンです。増配率がそれなりにある、今後も期待できそうな銘柄を選ばないといけないところが難しいです。場合によっては、増配率が低い銘柄や今後の増配に対する期待が落ちた銘柄を切って、新たに入れ替える作業も必要です。

③バランス型

　①と②の間を取るイメージです。利回り的には3%前後、ポートフォリオ全体で緩やかな増配を目指すイメージになるかと思います。「どっちかに極端に寄りたくはない、程よくいいとこ取りをしたい」という価値観です。強みと弱みは次の通りです。

- 強み：やり方次第では配当利回りも増配率もうまく享受できる、極端な失敗がない
- 弱み：やり方次第では中途半端、難易度が高い

　このパターンは、投資家がどのように采配するかで大きく結果が変わってきます。高配当と増配、両方を取るためには、やはりそれを実現できる銘柄を探してポートフォリオを組まないといけないため、結構な労力がかかります。高配当と増配の両方を取りたいのであれば、例えば、高配当銘柄の中でもできる限り減配をしない銘柄をコアに据えて、増配率がそれなりにある銘柄をサブに置くやり方もあります。もちろん逆でも構いません。バランスをうまく取らないと、配当利回りも微妙、増配率も微妙という中途半端なポートフォリオになってしまいますので、注意しましょう。

その4：リスク受容度

　投資に足を踏み入れた以上、リスクから逃れることはできません。長期投資の場合、その分だけ様々なリスクに晒されます。ここで、リスクに対する自分の考え方をある程度はっきりさせ、合うやり方・合わないやり方をあぶり出していきましょう。

　投資に関する「リスク」と言われると、真っ先に「損する可能性」や、「資産の下落幅」を思い浮かべる方が多いと思います。しかし、一般的に投資における「リスク」とは、「価格の振れ幅」のことを

指します。この「振れ幅」が大きいことを「リスクが大きい」、小さいことを「リスクが小さい」と表現します。つまり、「リスクが大きい」ということは、「大儲けするかもしれないし、大損するかもしれない」ということです。

リスクが小さい状態

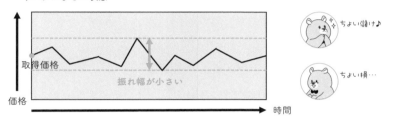

ちょい儲け♪

ちょい損…

リスクが大きい状態

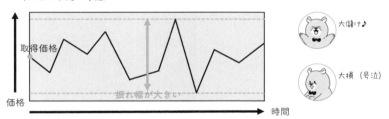

大儲け♪

大損（号泣）

　本来はあらゆる側面で考慮しないといけませんが、ここでは2つの側面でリスクについて考えていきます。

①株価リスク

　いくら配当株投資といっても、やはり株価は気になるものです。仮に、自分が持っている銘柄が短期間で暴落したり、右肩下がり傾向になったらどうしますか？損切しないといけないのか、逆に買い増すのか、そもそも配当金はしっかりもらえるのか、あらゆる心配事が生まれます。

逆に、自分が持っている銘柄が短期間で暴騰したり、右肩上がり傾向になったらどうしますか？利確が必要か、買い増しはどうしたらいいのか、これはこれで悩み事はあります。こういう時に、自分の軸が定まっていないと、流されて冷静な判断ができなくなります。

3つ自問ワードを提示するので、自分で考えてみましょう。

①どれくらいの下落幅・期間なら耐えられるのか？

②どれくらいの上昇幅・期間なら冷静にいれるのか？

③そもそも株価のことは気にしないのか？

たとえば、相場全体の地合いにも大きく影響されますが、「騰落幅が大きいのは苦手」である場合、小型株（時価総額1,000億円以下が目安）は避けるか、ポートフォリオへの組み入れ割合を低めにするのがいいでしょう。小型株の場合、特に怖いのが倒産や、ひとつひとつのイシューがクリティカルな問題につながることが挙げられます。新規事業や投資が失敗しただけでも先が見えない展開になってしまったり、製造コストが上がるだけでも経営危機に陥ったりすることもあり得ます。これらのイシューが株価に大きな影響を与えるのは言うまでもありません。もちろん、株価の上下も激しくなるでしょう。こういう状態でも冷静でいられるよう、自分の軸をはっきりしておきましょう。

株価の動きは銘柄によりけりですので、ここでは日本と米国の代表的な指数である日経平均とS＆P500の下落幅を参考資料として提示します。個別銘柄は、自分が気になる銘柄の過去チャートを遡れるところまで遡って確認してみましょう。

■参考）2000年以降の日本と米国の主な暴落（※期間の切り取り方によって数値は異なります）

■日本（日経平均）

- ☑ **ITバブル崩壊**

  2000年3月〜2002年10月：-55％
- ☑ **リーマンショック**

  2007年10月〜2009年3月：-55％
- ☑ **チャイナショック**

  2015年6月〜2016年2月：-28％
- ☑ **コロナショック**

  2020年2月〜2020年3月：-30％

■米国（S&P500）

- ☑ **ITバブル崩壊**

  2000年3月〜2002年10月：-49％
- ☑ **リーマンショック**

  2007年10月〜2009年3月：-56％
- ☑ **コロナショック**

  2020年2月〜2020年3月：-34％

②配当金リスク

　配当株投資の主役は配当金です。銘柄次第ですが、株価同様配当金も上下することがあります。もらえる配当金が増えるのを嫌う方はいないと思いますが、問題なのは配当金が乱高下する場合や減る場合です。

　3つ自問ワードを提示するので、自分で考えてみましょう。

　①配当金は安定・増加傾向を好むか？

　②配当金は乱高下しても良いのか？乱高下を許容してでも取れるところでは最大限取りたいか？

　③ポートフォリオ全体として、最悪どれくらいの減配なら許容できるか？

　たとえば、銘柄によりけりですが、「配当金の乱高下は許容できない」場合、配当金が乱高下する傾向の業界に属する銘柄（例：海運、鉄鋼）は避けるか、ポートフォリオへの組み入れ割合を低めにするのがいいでしょう。特に、生活費の一部を配当金で賄っているなど、配当金に対する依存度がある場合、受領する配当金が乱高下すると、生活に影響が出てしまいます。改めて自分の軸をはっきりさせておかないと、すぐに流されてしまいます。配当金に波がある銘柄の場合、その「頂点」で掴んでしまい、下落の波を正面から受けてしまう悲惨なことが起きかねません。（例：人に流されて日本製鉄を2019年頃に買って、コロナショックが直撃してしまうパターン。結果的には2、3年耐えればOKだが、その時点では将来のことは分からないため、損切してしまうことも考えられる）

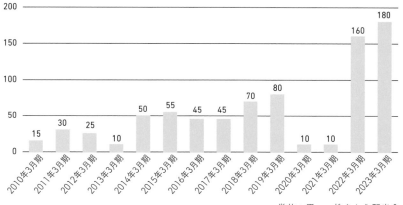

 日本製鉄

単位：円　一株あたり配当金

配当金リスクに対する考え方次第で選ぶ銘柄も変わってきますので、迷いすぎることがないよう、こちらも自分の軸をはっきりしておくようにしましょう。

CHAPTER 1

配当株投資をやるにあたって

「投資熊流」優良配当銘柄の選び方 〜13のポイント〜

優良配当銘柄を追求せよ

　人によって考え方は様々ですが、配当株投資をするのであれば、長期投資を前提に安定的に配当金を享受することが第一義となります。そのため、基本的にはそれを実現できそうな銘柄＝優良配当銘柄を選ぶのが本筋です。

　私が思う「優良配当銘柄」は、一言でまとめると、「長期的に安定配当を実現しつつ、トータルリターンも期待できそうな銘柄」です。何も考えず適当に選んだ銘柄より、銘柄をあらゆる側面できちんと分析し、「優良」と判断できる銘柄の方が、長期的に安定して配当金をもらえ、トータルリターンも良くなる可能性が高くなると思いませんか？

　たとえば、表面上の業績は問題なさそうでも、中身をよく見ると涙ぐましい企業努力で何とか保ってきたが限界が近いという銘柄もあります。株価下落＆配当はとりあえず出てはいるが、この先がちょっと怪しい…こんな銘柄もあるでしょう。そういう銘柄を何も考えず掴んでしまった結果、大減配＆株価暴落のダブルパンチを食らって全然回復できない、結果的に投資しない方がよかった…ということになりかねません。こんな後悔をするくらいなら、最初からそのお金をそのまま持っていた方が安全です。インフレによって現金の価値が目減りする問題はありますが、投資でそれ以上に損したら意味がありません。やはり投資をするなら、配当が減らないか増える、株価も安定的に推移するような銘柄に投資した方がいいでしょう。もちろん、結果は蓋を開けてみないと分かりませんが、何も考えずに適当

な銘柄を保有するより、しっかり考えて銘柄を保有した方が安全性は高まります。

「投資熊流」優良配当銘柄を選ぶための 13のポイント

　優良配当銘柄を選ぶにあたって、私が必ずチェックしている指標と大切にしている考え方を紹介します。私は銘柄を選ぶにあたって、これから紹介する指標の全てを見ており、優先順位をつけながら総合的に考慮し、その銘柄に対する投資判断を下しています。慣れればスイスイとできますが正直、なかなか大変です。どれだけ銘柄分析に時間をかけたとしても100％未来を予測しきることはできません。しかし、少なくとも私の今のパフォーマンスを支えているのは、多面的に銘柄と向き合うことで、「たまたま」をできる限り減らし、将来像が良くない銘柄は最初から外したこと、総悲観の中でも勝機が見えた銘柄は迷わずに仕込むことができたこと、多少は相場が荒れても泰然自若に構えたことであることは間違いありません。

　これからたくさんのポイントをご紹介しますが、全てを充足する銘柄はそうそうありません。「ひとつひとつのポイントを銘柄が持つ特徴」として捉え、魅力的な特徴が多い銘柄をあぶり出して、自分の軸と合わせて選んでいくイメージを持ちましょう。

株価 ～「傾向」をチェック、「指数との比較」も大事～

　株価はGoogleや様々な金融サイトなどで簡単に確認できますので、サクっとチェックしておきましょう。株価は万能ではありませんが、企業の状態を反映しています。当然、ネガティブ要素があれば株価は下がります。できる限り長期的な株価の推移を見ることが重要ですが、最近はどんどんビジネス環境が急激に変化していますので、直近の株価状況も重要です。視点を変に狭めてしまうと判断を誤る場合があります。例えば、直近の株価の調子が良くても、長期的には下落傾向かもしれませんし、その逆もあります。特定の期間だけ切り取って考えるよりは、色んな視点で考える方がより正しい認識ができるでしょう。そのため、株価をチェックする際は、ひとまず3つの切り口で考えてみるといいでしょう。

- 長期（10年以上）
- 中期（5年程度）
- 短期（1年以内）

　もちろん、株価は地合い（相場全体の状態）の要素もありますので、指数（日経平均など）と合わせてチェックするのがおすすめです。ベストなのは、やはり株価が上昇傾向にあることです。こういう企業は業績もよく、配当金も増えている場合が多いです。株価が上がれば割高感がでる場合がありますが、業績も付いていれば、株価が上がってもそこまで割高感はありません。業績が伸びてくれば、合わせて配当金も増やしてくれることが多いためです。また株価も配当も安定的

に推移しているパターンも悪くはありません。問題は、株価が下降傾向だったり、地合いが良いのにもかかわらず下がったりしている銘柄です。こういう銘柄は怪しいので、要因をしっかり把握しておきましょう。

まとめ

☑ **確認方法**

・Googleや様々な金融サイト など

☑ **確認項目**

・株価の傾向（長期・中期・短期の視点で、指数とも比較）

上昇傾向であればGood（安定していればOK、ただし割高感が出ていれば×）

下降傾向であれば要注意（地合いが良いのに下げ続けている銘柄は特に注意）

配当方針　〜「ポジティブキーワード」と「具体的な数値目標」に注目〜

重要キーワード

➡ DOE
「株主資本配当率」とも呼ばれ、企業が株主資本に対しどの程度の配当を出しているかを示す指標。
計算式）
年間配当総額÷株主資本×100（％）

➡ 配当性向
税引後の利益である当期純利益のうち、どれだけを配当金の支払いに向けたかを示す指標。
計算式）
1株当たり配当金÷1株当たり純利益（EPS）×100（％）

　どんなに稼いでいても企業が配当を払う気がなければ最初からゲームオーバーです。まずは「配当金を支払う気があるか」をチェックすることが肝要です。

　一般的に配当方針は各社の公式HP、最新の決算資料や中期経営計画に記載されています。「株主還元」、「配当政策」、「配当方針」というワードを探せば問題ありません。

　配当方針について何かしら言及がある＝配当に関して企業が何かしら意識をしているということになるので、何も言及がないより安心です。実例を見ていきましょう。

①オーソドックスなパターン

■三菱商事

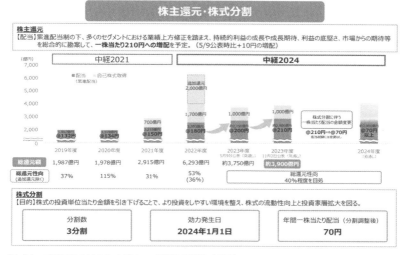

（出典）三菱商事 2023 年度第 2 四半期決算説明会資料

　三菱商事の配当方針は非常に分かりやすいです。「中経2024」の期間においては累進配当を基本方針としつつ、総還元性向についても具体的な数値を掲げています。具体的な数値目標が宣言されている方がより安心です。目標なしで行動するのか、目標を設定して行動するのかで結果が違ってくるのは、日常生活にもよくあることなので、分かりやすいでしょう。そのため、配当方針として具体的な数値を明示している企業の方がより信頼度は高いです。

■コンドーテック

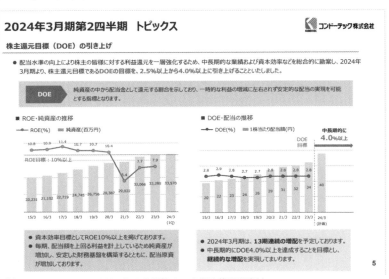

（出典）コンドーテック　2024年3月期第2四半期決算説明資料

　超有名企業ではありませんが、コンドーテックの配当方針も非常に良いです。DOEを採用＆目標の引き上げをしており、「継続的な増配の実施」という記述もされているで、配当に関するスタンスは非常に真摯で、意欲的であることが分かります。

　DOE採用銘柄のメリットは、「配当金が安定しやすい」ところです。配当金は利益に連動する場合が多いですが、企業によっては景気変動などで利益水準が乱高下することもあるため、配当金も同様に乱高下しやすくなります。これは安定的な配当を求める株主にとってはマイナス要素です。そこで、安定しやすい「株主資本」を基準にすることで、配当も同様に安定しやすくなります。

■住友倉庫

| 配当基本方針

2023年度～2025年度においては、中長期視点での企業価値向上のために必要な事業投資を継続したうえで、1株当たり年額100円を
ミニマムとし、各事業年度の収益力の向上を考慮しつつ、自己資本配当率*（DOE：Dividend on Equity）3.5%～4.0%を目安として
実施します。
*自己資本配当率＝年間配当総額÷自己資本

（出典）住友倉庫　公式HP（2024年3月時点）

　住友倉庫も非常に配当方針が分かりやすい＆意欲的です。具体的な額を「下限」として設定し、先程ご説明したDOEを採用しています。

■芙蓉総合リース

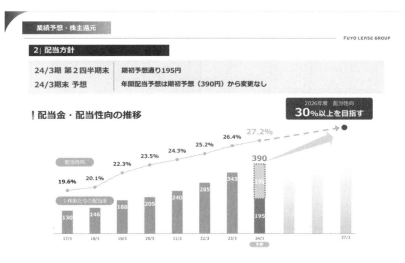

（出典）芙蓉総合リース　2023年3月期 第2四半期決算説明会資料

　芙蓉総合リースも配当に非常に力を入れていることが分かりま

す。配当性向を段階的に引き上げることを目標として掲げ、具体的な数値も出しています。

　まとめると、配当方針を確認するときは、ポジティブなキーワード（累進配当、連続増配、安定配当、下限〇〇円 等）、具体的な数値目標（配当性向〇〇％、総還元性向〇〇％、DOE●％ 等）があるかチェックしましょう。ただし、あくまでもこれらは方針であり、絶対的なものではありません。ポジティブキーワードや具体的な数値目標が設定されていたとしても、守られないこともあることを決して忘れないようにしましょう。

②特殊パターン

■日東工業

配当方針

当社は、企業価値向上を目指すための重要な経営指標（ＫＰＩ）として「ＲＯＥ」（自己資本利益率）を掲げ、中長期的にその水準の維持向上を目指しております。利益配分につきましては、企業価値向上に寄与する投資を推進しつつ、財務状況やＲＯＥ水準などを総合的に勘案し、株主の皆様へ配当を実施してまいります。
また、必要に応じて、自己株式の取得・消却など資本効率向上のための諸施策を実施し、株主の皆様にお応えしてまいります。
なお、2023 中期経営計画の残り 2 期（2023 年 3 月期および 2024 年 3 月期）では、さらなる自己資本の積み増しを抑制しＲＯＥの向上をはかるため、連結配当性向 100％を目標に配当を実施してまいります。

（出典）日東工業　公式 HP（2024 年 4 月時点）

　日東工業の場合、ROE（自己資本利益率）の維持・向上を目標に配当性向を100％に設定し、非常に多額の配当金を出しています。（2024年4月5日時点の配当利回り：5.09％）

　ROEとは、「株主が出したお金を元に企業がどれだけの利益を上げたのか」を数値化したもので、ざっくり「企業がどれぐらい効率良く稼いでいるかを示す指標」です。日東工業の場合は、これを一定の水準まで持っていく＆維持するという重要な経営指標を達成するために「敢えて」配当金を限界まで多く出しているということで

す。ここで考慮しなければいけないのが以下の2点です。

①重要な経営指標が達成できたら、無理のない水準まで配当性向を下げる可能性

②配当性向を100％に設定しているため、利益が減少したら即減配になる可能性

つまり、状況次第では減配の可能性が大いにあるということをここから読み取る必要があります。

「投資熊流」優良配当銘柄の選び方〜13のポイント〜

まとめ

☑ **確認方法**

- 各社の公式HP、最新の決算資料や中期経営計画などから、株主還元、配当政策、配当方針というワードを探す

☑ **確認項目**

- 配当方針に関する記載の有無（あるとGood）
- ポジティブキーワードの有無（あるとGood）
  「累進配当」、「連続増配」、「安定配当」、「下限〇〇円」など
- 具体的な数値目標の有無（あるとGood）
  「配当性向〇〇％目安/以上」、「総還元性向〇〇％目安/以上」、「DOE●％目安/以上」など
- 特殊な配当方針の有無

配当履歴・配当性向
～「過去の危険局面」と「推移」に注目～

　企業が過去どのように配当を支払ってきたのか、配当を支払う余力はどれくらいか（無理のない範囲で配当を支払えているのか）を確認することも投資判断において非常に重要です。可能な限り遡って確認する方がいいのですが、一旦は直近10〜15年分程度で構いません。各証券会社のコンテンツや「IRBANK」の方が過去データは追いやすいでしょう。

■花王

配当金の状況（円/株）

年度	区分	中間	期末	合計	配当利回り
2009 年 3 月	実績	28	―	56	2.92%
2010 年 3 月	実績	28	―	57	2.41%
2011 年 3 月	実績	29	―	58	2.8%
2012 年 3 月	実績	29	31	60	2.76%
2012 年 12 月	実績	31	31	62	2.76%
2013 年 12 月	予想	32	32	64	1.93%
	実績	32	32	64	1.93%
2014 年 12 月	予想	34	34	68	1.43%
	実績	34	36	70	1.47%
2015 年 12 月	予想	38	38	76	1.22%
	実績	38	42	80	1.28%

年度	区分	中間	期末	合計	配当利回り
2016 年 12 月	予想	46	46	92	1.66%
	実績	46	48	94	1.7%
2017 年 12 月	予想	54	54	108	1.42%
	実績	54	56	110	1.44%
2018 年 12 月	予想	60	60	120	1.47%
	実績	60	60	120	1.47%
2019 年 12 月	予想	65	65	130	1.44%
	実績	65	65	130	1.44%
2020 年 12 月	予想	70	70	140	1.76%
	実績	70	70	140	1.76%
2021 年 12 月	予想	72	72	144	2.39%
	実績	72	72	144	2.39%
2022 年 12 月	予想	74	74	148	2.82%
	実績	74	74	148	2.82%
2023 年 12 月	予想	75	75	150	2.62% 12/1

（出典）IRBANK

配当性向

2009年3月（連）	45.74%
2010年3月（連）	74.1%
2011年3月（連）	66.52%
2012年3月（連）	59.7%
2012年12月（連）	61.3%
2013年12月（連）	50.8%
2014年12月（連）	44.7%
2015年12月（連）	38.1%
2016年12月（連）	37.1%
2017年12月（連）	36.9%
2018年12月（連）	38.2%
2019年12月（連）	42.4%
2020年12月（連）	53.4%
2021年12月（連）	62.4%
2022年12月（連）	80.8%

（出典）IRBANK

　ここでチェックするポイントは2つです。

①過去の「危機局面」での減配有無＆その時の配当性向

　直近10〜15年における代表的な危機局面で減配があったか、その時の配当性向はどれくらいだったかチェックしましょう。ひとまずは、日本の経済に大きな影響をもたらした3局面で大丈夫です。

- リーマンショック（2008年前後）
- 東日本大震災（2011年）
- コロナショック（2020〜2022年）

例えば、東日本大震災をきっかけに大手電力会社（東京電力、東北電力、関西電力など）は軒並み無配に転落しました。今は復配しているところもあります。

　コロナショック期間においては、有名な銘柄もことごとく減配しています。（日本製鉄、INPEX、住友商事、丸紅、キヤノン、ブリヂストン、出光興産 等）減配はせずとも、配当性向が急激に高くなった銘柄も多くあります（ENEOS HDと三菱商事はコロナショック期間における配当性向が100％を超えたことも）。逆に、花王のように減配をしなかった銘柄もあります。

　もちろん減配＝絶対に悪いことではありません。本当に苦しい局面で一時減配しても、後でしっかり回復してくれればそこまで問題ではありません。実際先程の例にあったINPEX、丸紅、住友商事はコロナ期に一時減配しましたが、その後しっかり配当を戻しています。今後また減配する可能性はありますが、理想としてはどんな局面でも安定的に配当を支払ってくれる銘柄の方がいいでしょう。

　あれこれ例を出しましたが、最も怖いパターンはこういう危機局面の度に減配したり、配当性向が急上昇したりするパターンです。危機局面で業績が不安定になるのは仕方のないことですが、これが長続きした場合は減配や無配の可能性が高まります。過去の危機局面で減配や無配になったり、配当性向が急激に上がったりした銘柄は、今後も同じような局面が来た時に同じような結果になる可能性が高いので、保有するか、保有するなら保有割合に注意しましょう。

　ベストなのは、危機局面を迎えても減配しない＆配当性向も乱高下しないことです。これができている銘柄は、経済に大きな打撃があっても企業の稼ぐ力が安定していると言えます。配当株投資には

「投資熊流」優良配当銘柄の選び方〜13のポイント〜

こうした銘柄の方が向いているでしょう。

②配当金＆配当性向の推移と傾向（突出局面の把握）

　直近10〜15年分の配当履歴を眺めてみて特に増配や減配が著しかったところがあるか、同じく直近10〜15年の配当性向の平均値と推移はどうかチェックしましょう。

配当金・配当性向が乱高下する要因（よくある3パターン）

- 記念配当を大量に出すパターン（例：創業50周年記念で記念配当を50円出す）
- 経営判断で配当を急激に増やす/減らすパターン
- 単純に業績がいい/悪いパターン

　配当金や配当性向が急激に変動した要因が記念配当であれば、そこまで気にする必要はありません。

　経営判断で配当を急激に増やしたり減らすパターンは要注意です。先述の「日東工業」の例が分かりやすいです。こういう場合は、企業がなぜその判断に至ったか、その背景を把握し、今後を想定しておく必要があります。

　あとは、単純に業績が良かったから増配する、悪かったから減配する（無配にする）ことは自然なことです。特に、景気敏感銘柄（海運や鉄鋼など）はこの傾向が非常に強いです。こういう銘柄は、事業を多角化して利益構造を安定させるなり、DOE採用をしない限りは、配当金を安定させることは難しいでしょう。最初からそういう特性の銘柄だと理解して保有する必要があります。

➡️ 景気敏感銘柄とは？
景気動向によって業績が大きく変動する銘柄のこと。鉄鋼、化学、紙パルプなどの素材産業や工作機械などの設備投資関連の銘柄が当てはまる。反対に景気動向に業績が左右されにくい銘柄を「ディフェンシブ銘柄」と呼ぶ。食品や医薬品などの生活必需品や電力・ガス、鉄道、通信などの社会インフラ関連の銘柄が当てはまる。

　もちろん、これ以外にも配当や配当性向が乱高下する要因は様々あります。自分で要因をきちんと把握したうえで、今後も同様の事象が起きそうか想定し、改めて自分の軸と合わせて投資判断を下していきましょう。

　合わせて配当性向の水準も見るといいでしょう。配当性向が乱高下する銘柄の場合は平均値の意味があるか微妙なところですが、配当性向が安定傾向の銘柄は平均値を確認しておいた方がいいです。今までどれだけ非減配や連続増配をしてきたとしても、配当性向の水準が高すぎるのであれば、今後業績が伸びない限りはネガティブ要素が大きいです。この水準は人によって様々ですが、私の配当性向に対する考え方は、「30％以下＝安心できる、70％以上＝危険」です。どの程度が安心か危険かは人によりますので、自分で考えてみるようにしましょう。

配当性向は推移と傾向をしっかりチェックすべき

　単年度データだけをあてにして投資判断をするのは禁物です。単年度データだけで判断すると、その年がたまたまイレギュラーなデータだった場合、それを基に延長線を引くと大きく判断を誤るからです。例えば、コロナ特需でたまたま強かった局面だけを判断材料にしてしまうと、コロナが収束した後は自分が思っていたのと全く

違う局面になってしまうのは、想像に難くありません。

　加えて、配当株投資は基本的には長期保有が前提になるので、配当余力がどうなっているのか・今後はどうなりそうかチェックしておくことが非常に重要なポイントです。企業が配当性向を上げて配当金を増やすことは、株主にとっては非常にありがたいことですが、やはり限界があります。利益はほぼ一定なのに配当金だけどんどん増やしていると、配当性向はどんどん高くなります。これは配当を支払う余力が減ってきているということになりますので、要注意です。つまり、配当性向が上昇傾向の銘柄は、それを食い止める要素がない限りはネガティブ要素が大きいです。

　例えば、30年以上の連続増配実績を持つ日本の連続増配銘柄トップの「花王」の配当性向の推移を見ると、直近数年で急激に高くなっています。売上高は上昇傾向ですが、利益が急激に落ち込んだためです。この傾向が続いてしまうと、今後連続増配が厳しくなる可能性があります。実際に花王は2023年度に構造改革費用として600億円を計上しています。こういった構造改革で利益構造が改善されない限りは、いずれ限界がきて増配が止まり、それでも改善されなければ、減配する可能性が高くなります。

　ベストなのは、配当金の元となる利益がどんどん伸びて、配当性向も安全な水準で推移している状態です。常に余力がある状態で配当金を増やせるということになるので、安心して保有できる材料になります。

まとめ

☑ **確認方法**

・各社の公式HP、証券会社のコンテンツ、IRBANKなど

☑ **確認項目**

・過去の「危機局面」での減配有無＆配当性向の推移

リーマンショック（2008年前後）

東日本大震災（2011年）

コロナショック（2020〜2022年頃）

⇒この３局面とも減配なし＆配当性向も安定していればベスト

・配当金＆配当性向の推移と傾向（突出局面の把握）

原因を把握し、今後も起きそうか・起きたらどうなりそうか想定しておく

配当金が乱高下する銘柄の場合、自分の軸に合うか必ず考慮

配当性向が上昇傾向であれば要注意

・配当性向の平均値を出してみる

平均が高すぎる銘柄は、打開できる要素がない限りネガティブ要素が大きい

売上高　〜「傾向」と「成長率」に注目〜

　配当を出す気があると判断できたら、次はその配当金をしっかり出せる力があるかをチェックしていく必要があります。これまで何度も触れてきましたが、配当金の源泉は「利益」です。利益を得るには、売上高が必要です。理想は可能な限り遡って確認する方がいいのですが、一旦は直近10〜15年分程度でOKです。

　売上高は、企業の公式HPや決算資料に載っている場合もありますが、各証券会社のコンテンツや「IRBANK」の方が過去データは追いやすいです。

■KDDI

収益

2008年3月（連）	8463億8700万
2009年3月（連）	7768億3400万
2010年3月（連）	3兆4421億
2011年3月（連）	3兆4345億
2012年3月（連）	3兆5720億
2013年3月（連）	3兆6622億
2014年3月（連）	4兆3336億
2015年3月（連）	4兆2700億
2016年3月（連）	4兆4661億
2017年3月（連）	4兆7482億
2018年3月（連）	5兆419億
2019年3月（連）	5兆803億
2020年3月（連）	5兆2372億
2021年3月（連）	5兆3125億
2022年3月（連）	5兆4467億
2023年3月（連）	5兆6717億
2024年3月（連）	5兆8000億

（出典）IRBANK

　ここでは、利益の源泉となる売上高がしっかり確保できているか・今後は大丈夫そうかをチェックします。安定配当や連続増配を実現するためには、その分だけ利益が必要になってきますので、利益の源泉となる売上高がしっかり確保されることが前提になります。理想としては、KDDIのように売上高が伸長傾向であることです。そこま

で伸びなくても、長期間安定的に推移していれば問題ありません。競合他社と比べて売上高の成長率が高ければ最高です。加えて、今後の売上高に悪影響を与える要素があるかはチェックしておきましょう。

　今まで売上高が安定・伸長傾向だったからといって、今後も続くとは限りません。売上高が下降傾向の場合、必ず要因がありますので、それを把握すべきです。要因を把握したうえで、企業がその事態を認識しているか、打開策は提示されているかをチェックしましょう。ここらへんは企業の決算説明資料を見れば分かるでしょう。しかし、その打開策の効果が表れるかはやってみないと分からないので、やはり売上高が安定・伸長傾向で、今後の障害要素がない銘柄の方が安心度は高いです。

まとめ

☑ **確認方法**
- 各社の公式HP、証券会社のコンテンツ、IRBANKなど

☑ **確認項目**
- 売上高の傾向

  安定・伸長傾向であればGood

  （今後の売上高に悪影響を与える要素があるかも確認）

  競合他社と比べて成長率が高いとなおGood

  下降傾向の場合は打開策の有無で判断

  （売上高が安定・伸長傾向の銘柄の方が良い）

EPS 〜「傾向」と「中身」に注目 他の
指標とセットでチェックするとよりGood〜

重要キーワード

➡ **EPS**
1株当たり純利益とも呼ばれ、1株当たりの利益がどれだけあるのかを示す指標。
計算式）当期純利益÷発行済株式数
※当期純利益＝企業が1事業年度（通常は1年間）に上げた収益から、全ての経費や税金を差し引いた利益のこと

繰り返しにはなりますが、配当金の源泉は利益ですので、このEPSは配当金に直結する大事な指標です。ともすれば、株式投資における最も重要な指標の一つとも言えます。EPSは企業がいくら稼いでいるのかを1株当たりで表したものです。当然ですが、EPSは安定・上昇傾向であればいいことで、下降傾向なら何かしら問題があるということです。EPSをチェックするにあたっての基本的な考え方は、先ほどの売上高をチェックする際とほぼ一緒です。

　EPSを見る時は、傾向や成長率を見ることも重要ですが、他の指標とセットで考えるとより良いでしょう。分かりやすいのは売上高とセットで見ることです。EPSを上げるには2つ方法があり、当期純利益を上げるか、発行済み株式数を減らすかです。当期純利益を上げるには、売上を上げる、コストカットを行うなどで対応ができます。売上と比例して利益も増えていれば問題ありませんが、コストカットだけに頼っている場合はいずれ限界が来る可能性があるのを念頭に置いておきましょう。発行済み株式数を減らすには、自社株買いを行うのが代表的な方法です。

　私はEPS自体が伸びていれば問題はないと考えていますが、やはり売上高とEPSが比例して伸びてくれた方が、企業がさらに成長していると言えるため、より安心できるでしょう。

まとめ

☑ **確認方法**

・各社の公式HP、証券会社のコンテンツ、IRBANKなど

☑ **確認項目**

・EPSの傾向

安定・伸長傾向であればGood

（今後のEPSに悪影響を与える要素があるかも確認）

競合他社と比べて成長率が高いとなおGood

下降傾向の場合は打開策の有無で判断

（EPSが安定・伸長傾向の銘柄の方が良い）

EPSが増加傾向だとしても安心しきらず、中身をしっかり確認する

（EPS安定傾向や増加傾向であれば、ひとまず問題はない）

他の指標（売上高など）と合わせて確認するとさらに良い

営業利益率　〜「業界平均や 同業他社との比較」と「傾向」に注目〜

重要キーワード

➡ **営業利益率**
売上高から売上原価、販売費、一般管理費を差し引いた営業利益の売上高に対する割合のことで、会社の収益力を示す指標。
計算式）
営業利益÷売上高×100（％）

　営業利益率を見ることで、企業がどれだけ本業で稼ぐ力があるかが分かります。営業利益率が高い企業は、その分競争力があると言えます。コストを上手に抑えられていたり、強気の値段設定でも売れるような付加価値の高いモノやサービスを提供できていたりするからです。逆に営業利益率が低すぎると、売上高が減少した場合に赤字に陥りやすくなってしまいます。

　営業利益率は、企業の決算資料やIRBANKで簡単に確認できます。特に、推移を確認するときにはIRBANKが使いやすいです。

■トヨタ自動車

年度	営利率
2008/03	8.64
2009/03	−2.25
2010/03	0.78
2011/03	2.47
2012/03	1.91
2013/03	5.99
2014/03	8.92
2015/03	10.1
2016/03	10.05
2017/03	7.23
2018/03	8.17
2019/03	8.16
2020/03	8.03
2021/03	8.08
2022/03	9.55
2023/03	7.33
2024/03予	10.47

　営業利益率を確認するにあたっての注意ポイントは、業界によっ
て水準が異なることです。日本企業であれば大体平均1桁台くらい
ですが、できれば10％以上は欲しいところです。ただ、これは業界に
よって事情が異なりますので、基本的には業界平均や同業他社との
比較で判断する必要があります。

　利益率が高い傾向にある業界は情報通信、医薬品、不動産などで

す。逆に低い傾向にある業界は水産・農林、小売、卸売です。たとえ
ば、情報通信業界の代表的企業であるNTTやKDDIの営業利益率は
10%を超えています。（直近10年だと、NTTは10%台前半、KDDIは10%台
後半）水産・農林業界で有名なニッスイ、ニチレイ、マルハニチロの
営業利益率は3%～4%台です。総合商社（特に7大商社）の営業利益
率もそこまで高くはなく、大体3%～7%くらいを行ったり来たりし
ています。このように、営業利益率は業界によって全然水準が違うの
で、業界平均や同業他社と比較し、それより高ければ良いでしょう。

　営業利益率を確認するにあたって、もう一つ重要なのが傾向です。
営業利益率が上昇（改善）傾向であれば、その分効率的に稼げている
ことになりますが、これが下降（悪化）傾向であれば、由々しき事態
です。営業利益率が悪化する要因は様々ありますが、たとえば、競争
力を失って安売りが常態化してしまっているのであれば、この状態
を打開しない限り、先行きは厳しいでしょう。当然、配当にも影響が
出る場合があります。業界平均や同業他社との比較も重要ですが、こ
うして傾向も一緒に確認しておくと、よりその企業の状態が正しく
把握できます。

まとめ

☑ **確認方法**
　・各社の決算資料やIRBANKなど

☑ **確認項目**
　・営業利益の業界平均（同業他社）と該当企業の立ち位置

業界平均や同業他社より高ければGood

・営業利益の傾向

安定傾向/上昇傾向であればGood

下降傾向であれば要注意

自己資本比率　〜「業界平均や同業他社と比較」がポイント〜

重要キーワード

➡ **自己資本比率**
企業の安全性を示す経営指標の一つで、会社の総資本のうちに占める自己資本の割合。
計算式）
自己資本÷総資本×100（％）
※自己資本＝企業が返済する必要のないお金

　そもそも、企業が倒産してしまえば配当金も何もありません。その倒産リスクを把握するためには、自己資本比率をチェックする必要があります。自己資本比率は、企業の財務の安全性をはかる指標です。ざっくりですが、このように認識しておけば問題ありません。

● 　自己資本比率が高い＝負債よりも純資産の割合が大きい（健全な状態）→倒産リスクが低い

- 自己資本比率が低い＝純資産より負債の方の割合が大きい（借金が多い）→倒産リスクが高い

銀行からの借入金や社債など

株主からの出資金や事業で得た利益など

自己資本の割合が「自己資本比率」
（今回の例での自己資本比率は50％）

　自己資本比率は、企業の貸借対照表や決算短信にある「要約四半期連結財務諸表」でそれぞれの数値を確認したり計算したりすることもできますが、大変です。「みんかぶ」の「自己資本比率ランキング」や、各証券会社のコンテンツで簡単に確認できます。

■本田技研工業

株価 (12/15)		1,424 円	PER	（予）	7.6 倍
時価総額		77,384 億円	PBR	（実）	0.56 倍
ROE	（実）	6.02%	配当利回り	（予）	4.07%
ROA	（実）	2.68%	自己資本比率		45.3%
予想経常利益 （増益率）	（予）	1,395,000 （58.6%）	レーティング （対前週変化）		4.06 （0.00）
予想経常利益 （増益率）	（コ）	1,506,817 （71.3%）	目標株価 （株価乖離率）	（コ）	1,818 円 （27.64%）

※経常利益単位は百万円　　　　　　　　　　　　　　　更新日：2023/12/15

銘柄名 （銘柄コード）	トヨタ自動車 （7203）	日産自動車 （7201）	本田技研工業 （7267）	マツダ （7261）	SUBARU （7270）	三菱自動車 工業（7211）
自己資本比率	38.1%	29.2%	45.3%	44.2%	53.3%	36.4%

（出典）マネックス証券　銘柄スカウター

自己資本比率を確認するにあたっての注意ポイントは、業界によって水準が異なることです。一般的には30％以上あればOK、50％以上あれば優良と言われてはいますが、業界によって事情が異なりますので、基本的には業界平均や同業他社との比較で判断する必要があります。

　たとえば、自動車業界であれば、平均40％前半くらいです。（メジャー6社平均：トヨタ自動車、本田技研工業、日産自動車、SUBARU、マツダ株式会社、三菱自動車）例として挙げた本田技研工業の場合、メジャー6社の中では2番目に高い水準です。総合商社業界は平均30％台半ばくらいです。（7大商社平均：三菱商事、伊藤忠商事、三井物産、住友商事、丸紅、双日、豊田通商）特殊な例ですが、メガバン3社は4％程度です。（三菱UFJFG、三井住友FG、みずほFG）銀行はビジネスの特性上、自己資本比率がかなり低く出ます。それでも、銀行が破綻してしまうと甚大な影響が出てしまうため、規制（バーゼル規制）が敷かれており、一定以上の自己資本を確保することが求められています。

　ここまで自己資本比率が低いと問題があることはお分かりいただけたと思いますが、実は高すぎても問題になる場合があります。いわゆる「無借金経営」の場合、自己資本比率が100％に肉薄する数値が出ます。確かに借金がないのはいいことですが、必要な時に資金不足によって適切な投資ができず、機会損失のリスクもあります。業績を確保するためには、適切な投資が必要です。無借金経営にこだわりすぎるあまり、機会を逃してしまっては本末転倒です。

まとめ

☑ **確認方法**

・各社の貸借対照表や決算短信の「要約四半期連結財務諸表」、「みんかぶ」などの金融サイト、証券会社のコンテンツなど

☑ **確認項目**

・自己資本比率の業界平均（同業他社）と該当企業の立ち位置

業界平均や同業他社より高ければGood

高すぎても低すぎてもそれぞれデメリットがあるため、要注意

BPS　〜「傾向」をチェック〜

重要キーワード

 BPS

「1株当たり純資産」とも呼ばれ、企業の資産から負債を差し引いた純資産を発行済み株式数で割ったもの。企業の安定性を見る指標。

計算式）

純資産÷発行済み株式数

　一般的にしっかりと稼げていれば、ある程度資産は築けるはずです。これは個人も企業も一緒で、BPSを通して企業の資産がどうなっ

ているかざっくり把握することができます。BPSが高いほど、企業が解散・清算した場合に株主に残る価値が高いと言われています。BPSは可能な限り遡って確認する方がいいのですが、一旦は直近10～15年分程度の推移をチェックしておけば問題ありません。

　純資産は貸借対照表の「純資産の部」（主に決算資料などに記載）で、発行済み株式数は企業公式HPなどで確認して計算することができます。しかし、金融サイトや証券会社のコンテンツでも簡単に確認できるので、そちらのほうがおすすめです。

■リコーリース

BPS

年月		BPS
2010/03		3067.63円
2011/03		3253.43円
2012/03		3514.23円
2013/03		3803.86円
2014/03		4060.88円
2015/03		4344.41円
2016/03		4644.34円
2017/03		4975.33円
2018/03		5288.81円
2019/03		5588.34円
2020/03		5893.72円
2021/03		6207.04円
2022/03		6536.27円
2023/03		6867.89円
2023/09		7049.97円

（出典）IRBANK

ここでは資産に問題があるかが分かればいいので、推移をチェックします。理想は着実にBPSが増えていることです。例として挙げたリコーリースの場合、直近10数年のBPSが右肩上がり傾向のため、安定性が高いと言えます。実際にリコーリースは20年以上連続増配実績を持っている銘柄です。BPSは安定傾向でも問題ありません。ただ、BPSが減少傾向の場合は要注意です。赤字続きなど企業に何かしら問題が発生しており、資産が減っているということになるためです。

まとめ

☑ **確認方法**
　・証券会社のコンテンツ、IRBANKなど

☑ **確認項目**
　・BPSの推移
　　理想は伸長傾向であること（安定傾向であればOK）
　　減少傾向であれば、赤字続きなど何かしら問題が起きている
　　可能性が高い

重要キーワード

 ROE
「自己資本利益率」とも呼ばれ、株主が出資したお金を元手に、企業がどれだけの利益を上げたのかを示す指標。
計算式）
当期純利益÷自己資本×100（％）

　ROEをチェックすることで、企業が株主から集めた資金を使ってどれぐらい効率よく稼いでいるかが分かります。一般的には、数値が高いほど経営の効率がいいとされており、8％〜10％あれば優秀と言われています。しかし、これも業界によって水準が異なります。

　ROEは自分で計算することもできますが、有名な指標のため、金融サイトや証券会社のコンテンツで簡単に調べることができます。

■ソフトバンク

株価（12/22）		1,723 円	PER	（予）	19.4 倍
時価総額		82,621 億円	PBR	（実）	3.51 倍
ROE	（実）	27.25%	配当利回り	（予）	4.99%
ROA	（実）	3.88%	自己資本比率		15.2%
予想経常利益 （増益率）	（予）	-- （--）	レーティング （対前週変化）		3.23 （0.00）
予想経常利益 （増益率）	（コ）	733,625 （－ 15.0%）	目標株価 （株価乖離率）	（コ）	1,725 円 （0.11%）

※経常利益単位は百万円
（出典）マネックス証券　銘柄スカウター

更新日：2023/12/22

年度	ROE
2008/03	2.13
2009/03	2.91
2010/03	10.34
2011/03	14.14
2014/03	—
2015/03	—
2016/03	26.49
2017/03	28.67
2018/03	46.25
2019/03	30.87
2020/03	47.29
2021/03	26.96
2022/03	26.37
2023/03	23.88
2024/03 予	18.06

（出典）IRBANK

　ROEが高いということは、それだけ企業の資本効率が良いことの現れであり、投資家にとっては魅力的なポイントになります。ROEは当期純利益を上げることで、その数値を上げることはできますが、もう一つの方法として、借入金（＝他人資本）を増やすことでも実現可能です。

　たとえば右の図のように、自己資本が50億円、当期純利益が10億円の「企業A」は、ROEが20％となります。自己資本を変えずに当期純利益を20億円に上げると、ROEは40％になります。一方、当期純利益は10億円そのままで、自己資本を30億円に圧縮すると、ROEは33.3％になります。

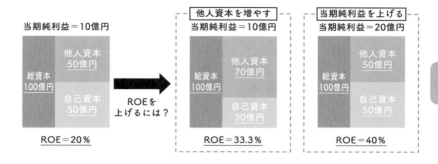

　このように、ROEは自己資本を圧縮することで数値を上げること
ができます。しかし、自己資本を圧縮すると、自己資本比率が低く
なってしまいますので、その分倒産リスクに晒されることになりま
す。例えば下図のように、ROEだけを見ると、圧倒的にソフトバンク
が魅力的に見えますが、自己資本比率を加味して考えると、少し判断
が分かれるところです。現時点では3社ともしっかり稼げている企
業なので、大きな問題はありませんが、不測の事態があって業績が悪
化した際、自己資本比率が低い（借入が多い）と、返済含め様々な問題
が出てくる可能性があります。

企業名	自己資本比率	ROE
ソフトバンク	10％台半ば	20％台後半
NTT	30％台半ば	10％台半ば
KDDI	40％台前半	10％台半ば

　まとめると、ROEを見るときには、まずは業界平均や同業他社と
比較したうえで、自己資本比率も合わせてチェックしましょう。理想
は、自己資本比率もROEも業界平均や同業他社より高いことです。

まとめ

☑ **確認方法**

・「IRBANK」などの金融サイト、証券会社のコンテンツなど

☑ **確認項目**

・ROEの業界平均（同業他社）と該当企業の立ち位置

　業界平均や同業他社より高ければGood

・自己資本比率も同時にチェック

　理想は自己資本比率もROEも業界平均や同業他社より高い

　こと

ROA　～「業界平均や同業他社と比較」しつつ、
「ROE」と「自己資本比率」も合わせてチェック～

重要キーワード

➡ ROA

「総資産利益率」とも呼ばれ、企業が保有するすべての資産を利用して
どれだけの利益を上げられたかを示す指標。
計算式）
当期純利益÷総資産×100（％）

　ROAをチェックすることで、企業が保有する全ての資産を使って

どれぐらい効率よく稼いでいるかが分かります。一般的には、数値が高いほど効率的に稼いでいると言えます。5%以上あれば優良とされていますが、業界によって水準が異なります。

　こちらも自分で計算することもできますが、有名な指標のため、金融サイトや証券会社のコンテンツで簡単に調べることができます。

■NTT

株価（01/26）		183.4 円	PER	（予）	12.5 倍
時価総額		166,069 億円	PBR	（実）	1.68 倍
ROE	（実）	14.40%	配当利回り	（予）	2.73%
ROA	（実）	4.93%	自己資本比率		33.8%
予想経常利益 （増益率）	（予）	1,880,000 （3.4%）	レーティング （対前週変化）		4.46 （0.00）
予想経常利益 （増益率）	（コ）	1,928,915 （6.1%）	目標株価 （株価乖離率）	（コ）	193 円 （5.32%）

※経常利益単位は百万円
（出典）マネックス証券　銘柄スカウター

更新日：2024/01/26

「投資熊流」優良配当銘柄の選び方〜13のポイント〜

年度	ROA	
2008/03		2.55
2009/03		2.61
2010/03		2.6
2011/03		2.59
2012/03		2.41
2013/03		2.67
2014/03		2.89
2015/03		2.5
2016/03		3.51
2017/03		3.77
2018/03		4.17
2019/03		3.83
2020/03		3.72
2021/03		3.99
2022/03		4.95
2023/03		4.79
2024/03予		4.68

（出典）IRBANK

　ROAは資本も負債も含めた総資産から経営効率を見ることができる指標です。ROEとの違いは、負債を含んでいるか否かです。借金も含めた総資産でどれだけ効率的に稼げているかが分かります。ROE（自己資本利益率）の場合は、自己資本を圧縮するというテクニックを使ってその数値を上げることができますが、ROA（総資産利益率）はそうはいきません。ROAを上げるには、売上を伸ばすなりコスト

を削るなりして、利益を伸ばす必要があります。たとえ負債が多くて
も、それ以上に稼げている企業はROAが高くなります。逆に負債が
なくても、利益が少なければROAは低くなります。NTTのように、同
業他社と比べても遜色ない数値で安定的に推移していると、いい
ケースと言えるでしょう。

企業名	自己資本比率	ROE	ROA
ソフトバンク	10％台半ば	20％台後半	3％台後半
NTT	30％台半ば	10％台半ば	4％台後半
KDDI	40％台前半	10％台半ば	5％台後半

ROEが高くROAが低い場合は、大きな負債を抱えている可能性が
あります。逆にROEが低くROAは高ければ、借入などの資金調達手
段をうまく活用できていない可能性が高いです。理想はどちらも高
いことです。

まとめ

☑ **確認方法**
- 「IRBANK」などの金融サイト、証券会社のコンテンツなど

☑ **確認項目**
- ROAの業界平均（同業他社）と該当企業の立ち位置
  業界平均や同業他社より高ければGood
- 自己資本比率も同時にチェック
  理想は自己資本比率もROAも業界平均や同業他社より高い

こと
・ROEも同時にチェック
　理想はROEもROAも業界平均や同業他社より高いこと

連結キャッシュ・フローと現金　〜特に
「営業活動によるキャッシュ・フロー」に着目〜

重要キーワード

　　➡　キャッシュ・フロー
事業を営むうえで生じるお金（キャッシュ）の流れ（フロー）のこと。
入ってくるお金を「キャッシュ・イン・フロー」、出ていくお金を
「キャッシュ・アウト・フロー」と呼ぶ。
両者を総称して「キャッシュ・フロー」と呼び、どれだけのお金が入っ
てきて、どれだけのお金が出ていったのかを見ることができる。

　企業も個人も同様に事業を営んでいくうえや生きていくうえで、
必ずお金の流れが生じます。たとえば、サラリーマンであれば、「入っ
てくるお金（キャッシュ・イン）＝給与」、「出ていくお金（キャッシュ・
アウト）＝クレカ支払いや口座引き落とし」と言えます。その人の生
活の実態を把握するには、キャッシュ・フローを見るのが良い方法
です。同様に、企業の経営実態を把握するにあたって、このキャッ
シュ・フローは貴重な情報です。

キャッシュ・フローは「営業活動によるキャッシュ・フロー」、「投資活動によるキャッシュ・フロー」、「財務活動によるキャッシュ・フロー」の3つに分類されます。「営業活動によるキャッシュ・フロー」と、「投資活動によるキャッシュ・フロー」を足した「フリーキャッシュフロー」も重要な情報です。

　これらの情報は、企業の決算書に記載されており、金融サイトや証券会社のコンテンツでも簡単に調べることができます。

■伊藤忠商事

(3) 連結キャッシュ・フローの状況

	営業活動による キャッシュ・フロー	投資活動による キャッシュ・フロー	財務活動による キャッシュ・フロー	現金及び現金同等物 四半期末残高
	百万円	百万円	百万円	百万円
2024年3月期第2四半期	469,213	△90,705	△397,970	606,587
2023年3月期第2四半期	469,136	△306,815	△175,996	622,467

（出典）伊藤忠商事　2024年3月期 第2四半期決算

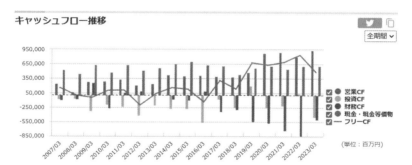

（出典）マネックス証券　銘柄スカウター

年度	営業 CF	投資 CF	財務 CF	フリー CF	設備投資	現金等
2010/3	2936 億	− 1957 億	− 2566 億	979 億	—	4806 億
2011/3	3354 億	− 2309 億	532 億	1045 億	—	6338 億
2012/3	2128 億	− 4163 億	847 億	− 2035 億	—	5128 億

年度	営業CF	投資CF	財務CF	フリーCF	設備投資	現金等
2013/3	2365億	− 2038億	29.8億	327億	—	5703億
2014/3	4281億	− 2704億	− 779億	1577億	—	6537億
2015/3	4036億	− 2761億	− 979億	1275億	—	7003億
2016/3	4194億	− 5573億	818億	− 1379億	—	6329億
2017/3	3897億	− 813億	− 3354億	3084億	—	6056億
2018/3	3882億	− 2564億	− 2961億	1319億	− 1078億	4321億
2019/3	4766億	2011億	− 5383億	6777億	− 1136億	5720億
2020/3	8781億	− 2488億	− 5755億	6294億	− 1995億	6112億
2021/3	8959億	− 2073億	− 7288億	6886億	− 1650億	5440億
2022/3	8012億	386億	− 8467億	8398億	− 1571億	6117億
2023/3	9381億	− 4538億	− 5001億	4843億	− 1941億	6060億

（出典）IRBANK

営業活動によるキャッシュ・フロー

　営業活動によるキャッシュ・フローは、本業によるキャッシュの増減を表すもので、本業でどれだけ稼げたかを知ることができます。構成要素は様々ありますが、商品やサービスの販売による現金収入があればプラス、商品の仕入れや人件費などによる現金支出があればマイナスになります。理想は安定してプラスになっている状態ですが、景気の良し悪しに加えて、ビジネスには様々なフェーズがあるので、1〜2年のマイナス程度であればそこまで気にしすぎる必要はありません。例にあげた伊藤忠商事は、その時のビジネス環境によって上下してはいますが、伸びているので問題はありません。営業活動によるキャッシュ・フローは、売上拡大に伴う仕入の増加や、事業拡大に伴う増員で発生した人件費など、企業の成長に必要な支出で一

時的にマイナスになることもあります。しかし、何年も続けてマイナスになっているようであれば、本業で全然稼げておらず、危険な状態と言えます。ただ、金融業（特にリース会社）は特殊で、営業活動によるキャッシュ・フローはマイナスであることが多いです。これは大きな問題ではありません。実際に20年以上の連続増配実績を持つ「リコーリース」のキャッシュ・フロー計算書（次ページ）を見ると、直近の営業活動によるキャッシュ・フローはマイナスになっています。理由としては、キャッシュ・フロー計算書の作成ルールによるところが大きいです。営業活動によるキャッシュ・フローのマイナス要因として大きいのが、「リース債権及びリース投資資産」の増加、「貸付金」の増加、「賃貸資産の取得」による支出で、これらが増えると営業活動によるキャッシュ・フローがマイナスになる仕組みです。リース業界はこれらの貸付残高が減ったり、お金を出してリースできるモノを仕入れたりしないと、将来見込まれる利益も減ることになります。簡単にいえば、リースできるものを仕入れるために、先にお金が出ていくと考えればOKです。そのため、リース会社は営業活動によるキャッシュ・フローがマイナスになってもそこまで問題がありません。

（4）連結キャッシュ・フロー計算書

（単位：百万円）

	前連結会計年度 （自 2021年4月1日 至 2022年3月31日）	当連結会計年度 （自 2022年4月1日 至 2023年3月31日）
営業活動によるキャッシュ・フロー		
税金等調整前当期純利益	19,522	21,587
賃貸資産減価償却費	16,451	16,100
社用資産減価償却費及び除却損	1,879	2,189
貸倒引当金の増減額（△は減少）	1,337	△271
賞与引当金の増減額（△は減少）	63	116
役員賞与引当金の増減額（△は減少）	△17	5
退職給付に係る負債の増減額（△は減少）	△103	△58
受取利息及び受取配当金	△252	△307
資金原価及び支払利息	1,410	1,547
社債発行費	218	―
投資事業組合運用損益（△は益）	△237	△133
割賦債権の増減額（△は増加）	882	3,235
未収賃貸料の増減額（△は増加）	3,747	2,705
リース債権及びリース投資資産の増減額（△は増加）	16,985	1,763
営業貸付金の増減額（△は増加）	△21,290	△31,755
その他の営業貸付債権の増減額（△は増加）	△2,372	6,185
賃貸料等未収入金の増減額（△は増加）	129	502
賃貸資産の取得による支出	△28,255	△33,926
仕入債務の増減額（△は減少）	1,184	△300
破産更生債権等の増減額（△は増加）	209	△120
その他	6,230	1,976
小計	17,723	△8,958
利息及び配当金の受取額	180	246
利息の支払額	△1,337	△1,488
法人税等の支払額	△7,428	△6,697
営業活動によるキャッシュ・フロー	9,138	△16,897

（出典）リコーリース　2023年3月期 決算短信

投資活動によるキャッシュ・フロー

　投資活動によるキャッシュ・フローは文字通り、投資活動におけるキャッシュの動きを表すものです。構成要素は様々ありますが、事業を行ううえで必要な固定資産を取得した場合はマイナスとなり、固定資産を売却した場合はプラスになります。基本的には、企業の成長には設備投資が必要になりますので、投資活動によるキャッシュ・フローはマイナスになっている場合が多く、これは必ずしもネガティブ要素ではありません。

財務活動によるキャッシュ・フロー

　財務活動によるキャッシュ・フローは、財務活動におけるキャッシュの動きを表すものです。構成要素は様々ありますが、金融機関からの借入などの資金調達を行った場合はプラスとなり、借入金の返済や配当金を支払った場合はマイナスになります。健全な企業であれば、しっかり借金を返したり配当金を出したりしているので、財務活動によるキャッシュ・フローはマイナスになっている場合が多いです。

フリーキャッシュフロー

　フリーキャッシュフローは、文字から容易に想像できるように、企業が自由に使うことのできる資金です。企業はこれを事業拡大に向けた投資、借入金の返済、株主への分配などに使うことができます。フリーキャッシュフローは多ければ多いほど、そして、増加傾向であれば理想ですが、積極的に投資を行っている場合などは減ることもあります。そのため、増減に神経質になるよりは、一定額のフリーキャッシュフローが確保できているかの方を見る方がより良いでしょう。

現金及び現金同等物

　現金は文字通り現金ですが、「現金同等物」とは、容易に換金可能であり、かつ稀少な価値変動リスクのみを負う短期投資を指します。ざっくり「比較的すぐにお金になりそうなもの」だと思っておけば問題ありません。繰り返しにはなりますが、しっかり稼げていれば、現金保有量は安定的に推移するか増えていきます。現金が減っている場合は、何かしら問題が起きており、現金を取り崩していることになるので、要注意です。

まとめ

☑ **確認方法**
- 企業の決算書、「IRBANK」などの金融サイト、証券会社のコンテンツなど

☑ **確認項目**
- 営業活動によるキャッシュ・フロー

  理想は安定してプラスになっている状態（リース会社はマイナスでもOK）

  少しくらいのマイナスや成長のための一時的なマイナスは気にしすぎずOK

  何年も続けてマイナスなら問題あり
- 投資活動によるキャッシュ・フロー、財務活動によるキャッシュ・フロー

  健全な企業であれば、マイナスになっていることが多い
- フリーキャッシュフロー

  一定の額のフリーキャッシュフローを確保できていればOK
- 現金及び現金同等物

  理想は増加傾向（安定推移でも問題なし）

PER・PBR　〜「業界平均や同業他社との
比較」だけではなく、「過去水準」とも比較〜

重要キーワード

 PER
「株価収益率」とも呼ばれ、株価が1株当たりの純利益（EPS）に対して、
何倍になっているかを示す指標。
計算式）
株価÷EPS（1株当たり純利益）

PBR
「株価純資産倍率」とも呼ばれ、株価が1株当たり純資産（BPS）の何倍
まで買われているかを示す指標。
計算式）
株価÷BPS（1株当たり純資産）

　PERもPBRも現在の株価が割安か判断できる指標です。有名な指
標なので、多くの金融サイトや証券会社のコンテンツで簡単に確認
することができます。

■ENEOS HD

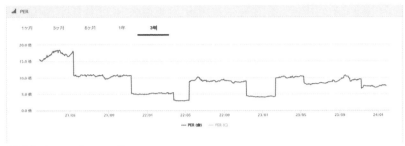

（出典）バフェット・コード

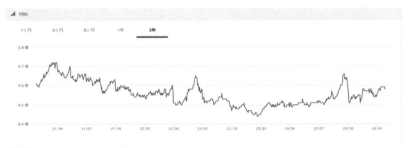

（出典）バフェット・コード

「配当金をもらうのが主だから、割安かどうかは関係ないのでは？」と思いがちですが、割安かどうかのチェックは必要です。理由は2つあります。少しでも安く買う方がパフォーマンスが良くなるのと、ずっと割安で放置されている銘柄か把握する必要があるからです。特に割安さだけで飛びつくと、「バリュートラップ」（PERやPBRなどの指標から割安と判断される銘柄に投資したものの、いつまで経っても割安なまま放置される状態）にはまってしまう可能性があるので、しっかりチェックしておきたいところです。たとえばENEOS HDの場合、直近3年程度はずっと割安感が出ていますが、増配をしているわけで

もなく、業績も不安定です。安易に飛びつかず、将来像をしっかりみてから投資判断を下すのが良いでしょう。

PERは企業の利益水準に対して割安か割高かを測る指標で、高いと「割高」、低いと「割安」と判断されます。絶対的な基準はありませんが、日本株だと15倍が適正水準と言われています。しかし、業界によって水準が異なり、該当銘柄の過去の水準（少なくとも直近数年）と比べて現在の水準はどうかも見る必要があります。

PBRは企業の資産価値（解散価値）に対して割高か割安かを測る指標で、高いと「割高」、低いと「割安」と判断されます。PBR＝1倍がひとつの目安（株価＝資産価値）とされています。しかし、長期的にPBRが1倍以下で放置されている銘柄もあり、過去からずっと2倍以上といった高い水準で推移している銘柄もあるので、1倍以下にこだわる必要はありません。PBRも業界によって水準が異なるため、該当銘柄の過去の水準（少なくとも直近数年）と比べて、現在の水準はどうか見る必要があります。

まとめ

☑ **確認方法**
- 「バフェット・コード」などの金融サイト、証券会社のコンテンツなど

☑ **確認項目**
- 業界平均や同業他社、該当企業の過去水準とPERとPBRを比較する

割安のままの状態の銘柄は特に注意

業界分析と企業ポジション・強み
〜ポイントは「将来性」〜

　企業分析を頑張ることも重要ですが、業界の分析も同じくらい重要です。いくら企業の調子が「今は」良くても、業界が衰退していたり、参入障壁が低いことで競合が相当多かったりすると、長期的に安定的な業績の確保は難しいでしょう。逆に業界が伸びていたり、他社にはない強みを持っていたりすると、今後も長く生き残れる可能性が高まります。可能な限り長く配当金をもらい続けるためには、将来も強そうな業界に属している企業を選ぶことが非常に大事です。

　そのためには、最低限2点は確認しておくべきです。①業界展望・成長の鍵となる動き、②業界の中での企業ポジション・強みです。これらはそれぞれ単体で考えるよりは、合わせて総合的にどうなのか考える方がいいでしょう。

　業界のことを調べる方法はいくつかあります。

1.「業界地図」の本（業界を解説している本）を読む

2. 各社の決算資料を確認する

3. 業界団体（日本自動車工業会、生命保険協会など）が公開している資料を確認する

4. 官公庁が公開している資料（経済産業省の各種レポートなど）を活用する

5. 民間の金融機関、調査会社、コンサル、メディア（NIKKEI COMPASSなど）などが公開している資料を確認する

　分かりやすいのは1と2です。もっと詳しく知りたいときは3と4の方法も役立つでしょう。基本1と2で知りたい情報は大体手に入るため、もう少し固めたいなら3と4で補強をするイメージです。5はメディアによって玉石混交で、良質なコンテンツはお金がかかる場合もあります。しかし有料の業界分析レポートは分かりやすくまとまっていることも多く、自分でリサーチする手間も低減することができるでしょう。

業界展望・成長の鍵となる動き（トレンド）

「市場が拡大しているのか」と、「業界としてもっと儲けるために共通して流行っていることや目指すべきことは何か」この2点が分かれば、ひとまずは問題ないです。当然、市場が拡大すると、その分儲けるチャンスはあります。しかし今は儲かっていても、今後も同じくらい儲け続けられるとは限りません。価値観の変化がビジネスに及ぼす影響は大きいためです。そういう変化は具体的に何があるのか、変化にしっかり対応できているのか、対応しようとしているのか。今後も企業が持続的に利益を上げられるかを判断するには、これらの変化に対する状況を知ることが非常に重要です。

　たとえば、日本は今後人口減少が予想されており、それに伴う需要減少が懸念されています。もちろん業界によりますが、このような環境の中で、日本だけに依存していると、先細りの将来に直面することになります。こういった業界は、海外進出が業界のトレンドになって

おり、当然それに対応できている企業が今後を考えるうえでは有利でしょう。また、特定の分野に頼っている場合は、環境面や今後の収益面を考慮して、他の分野に進出するのがトレンドになっていることもあるでしょう（例：大手総合商社の資源分野→非資源分野への進出強化など）。今後もしっかり稼ぎ続けられるよう、業界は拡大しているか、企業が業界トレンドにしっかりついていけているか確認しておくことがポイントです。

業界の中での企業ポジション・強み

①「業界の中でどういう立場なのか」と、②「現在その企業を支えている武器は何か、それは現在どんな状態か」、③「今後も闘えそうな武器はあるか」この3点が分かれば、ひとまずは問題ないです。決算説明資料を数年分丁寧に読み込んでおくと、すごく考えやすくなるのでおすすめです。

①は様々な考え方がありますが、業界の中でシェアを取れているのか失っているか、業界の中での順位を上げているのか落としているのか、業界の傾向（拡大/維持/縮小）に対してその企業はどうか、といった形で考えてみましょう。できればもう少し掘り下げて、主力事業も見たいところです。多角化している企業は、セグメントごとの動向も見ておくといいでしょう。これは、業界地図の書籍や業界レポートを読んでもいいですが、企業の決算資料をよく読めば分かります。たとえば、「競争激化」、「遅れ」、「低迷」、「減退」のようなネガティブワードが持続的に出てきていたら要注意です。「需要が減退している上に、競合他社にも遅れを取って販売が低迷」なんてことになれば悲惨なことは想像に難くないでしょう。

また②は比較的分かりやすいです。たとえば、その会社でしか作れ

ない製品、その会社でしかできないサービス、主力商品の国内/世界シェアが高い、圧倒的に有名なブランドなどが挙げられます。Windowsはいい例でしょう。世界中で使われており、シェアも高く、我々の生活にも密接にかかわっています。こういう製品を持つ企業が強いのは言うまでもありません。その主力商品がどんな状況か、売れているのか、今後足枷になりそうな要素はあるかもしっかりチェックしておきましょう。

　③は考えたり調べたりするのが難しいかもしれません。しかし、決算資料を片っ端から全部読んだり、関連ニュースを全部拾ったりしてでも、可能な限りアプローチすべきです。たとえば転職サイトは企業内部の生の声が拾える大事な場なので、私は意外と見ることも多いです。ここで、将来性を心配されている企業は注意が必要です。また今の世の中は価値観の多様化、グローバル化が進んでいるので、何が起きても絶対に売れ続ける商品はないでしょう。どの商品もその時のニーズに従って、何かしら変化（仕様や価格戦略など）が生じています。企業が今後も存続していくためには、現在の商品やサービスの改良を繰り返して武器としてあり続けるか、今ある武器がいつかは通用しないことを考慮して新たな武器を創るか、あるいはこの両方をやる必要があります。そのため、決算書をしっかり読むなど情報収集をして、今の商品やサービスで将来も稼げそうか、今後稼ぎの柱として出せるものを開発しているかを把握することはとても重要です。

　たとえば製薬会社の場合、上市された薬は特許で一定期間守られますが、特許が切れるとすぐに後発薬が登場し、収益が激減します。こういった場合、当然ながら今の主力の薬だけでは保たないので、企

「投資熊流」優良配当銘柄の選び方〜13のポイント〜

業として収益を維持するための次の薬が必要です。次の柱となる薬の開発がうまく行っているか。つまり、今後も闘えそうな武器の状況を把握しておきましょう。

まとめ

☑ **考え方**

・業界展望・成長の鍵となる動き（トレンド）

市場が拡大しているか

業界としてより収益を上げるためのトレンドは何か、企業がそれについていけているか

・業界の中での企業ポジション・強み

業界の中でどういう立場なのか（シェアが獲得できているか否か、主力事業の状況など、決算資料をよく読んで持続的にネガティブワードが出てきたら要注意）

強みとなる技術や商品はあるか、それはどんな状況か（これがないと生きていくのに困る！くらいの強い需要があればベスト）

今後、企業を支えられそうな技術や商品はあるか（今の商品やサービスで将来も稼げそうか、今後稼ぎの柱として出せるものを開発しているかをチェック）

「投資熊流 優良配当銘柄 チェックシート」

チェックシートの立ち位置

　銘柄を選ぶ時に考えるべきポイントは数多くあります。いざ実際に銘柄を選ぶにあたって、全部は思い出せなかったり、考えられなかったりすることもあるでしょう。そこで、私は「チェックシート」という形で、銘柄のリサーチを行いながら、ポイントに対してその銘柄がどう評価できるのかが一目で分かるようなものを自作して使っています。このチェックシートのメリットとしては、銘柄を俯瞰的に捉えることができるところです。銘柄の強み弱みとその度合いが一目で分かるので、銘柄単体の考察はもちろん、銘柄同士の比較でも使えます。13のポイントをそれぞれ考慮して評価できるシートになっており、多面的な考察ができます。使い方としては、いくつか候補は決まっている状況で、安心して保有できる銘柄かどうかなどの情報を整理して、どの銘柄にするかを決めに行くときに使うイメージです。最初からやるのが難しそうであれば、全項目無理に考える必要はなく、できるところからやったり、自分で特に重要だと思うポイントだけ考えたりするのもいいでしょう。本章では私のチェックシートを公開します。皆様の銘柄選びにお役に立てれば幸いです。

　前章でも述べましたが、改めて、全てのポイントを完璧に満たすような銘柄はそうそうありません。ひとつひとつのポイントを「その銘柄が持つ特徴」として捉え、どれだけ魅力的な特徴を持っている銘柄なのか、自分のイメージと合う銘柄かという視点で考えることが重要です。

投資熊式 優良配当銘柄チェックシート

投資熊式　優良配当銘柄チェックシート

■銘柄概要

銘柄名		コード		業種	

配当利回り	時価総額		PER	PBR	
%	億円				

ROA		ROE		自己資本比率	
	%		%		%

企業概要

■チェック項目（判定：◎、○、△、×）

項目	チェックポイント	判定
株価	株価の動きは問題ないか？	
配当方針	配当方針に関する記載はあるか？	
	配当方針に「ポジティブキーワード」や「具体的な数値目標」はあるか？魅力的か？	
	特殊な配当方針ははあるか？	
配当履歴 配当性向	過去の「危機局面」での減配はあったか？危機局面でも配当を維持できていたか？	
	過去の「危機局面」の際の配当性向はどうだったか？安心できる水準か？	
	配当性向の平均値はどれくらいか？安心できる水準か？	
	配当性向の推移はどうか？安心できるか？	
売上高	売上高の傾向はポジティブか？	
	売上高の成長率は競合他社と比べてどうか？	
EPS	EPSの傾向はポジティブか？	
	EPSの成長率は競合他社と比べてどうか？	
営業利益率	営業利益率は業界平均や同業他社と比べてどうか？	
	営業利益率の傾向はポジティブか？	
自己資本比率 ROE ROA	自己資本比率は業界平均や同業他社と比べてどうか？問題ない水準か？	
	ROEは業界平均や同業他社と比べてどうか？	
	ROAは業界平均や同業他社と比べてどうか？	
BPS	BPSは積み上げられているか？	
キャッシュフロー 現金	営業活動によるキャッシュ・フローは安定的にプラスか？	
	フリーキャッシュフローは確保できているか？	
	現金及び現金同等物は確保できているか？	
PER PBR	PER・PBRは業界平均や同業他社と比べてどうか？	
	PER・PBRは過去水準と比べてどうか？割安のまま放置されていないか？	
業界と 企業ポジション 強み	市場は拡大しているか？（日本/世界に分けて考えてもOK）	
	企業が「業界としてより成長するための流れ・トレンド」についていけているか？	
	業界の中での立場はポジティブか？	
	現在、企業を支えている強みはあるか？どう評価できるか？	
	今後、企業を支えられそうな技術や商品はあるか？どう評価できるか？	

■総評

シートは、3つのパートに分かれています。最初は「銘柄概要」に
なっており、最新の情報と企業概要を記入しておく欄です。調べれば
すぐに出るものばかりなので、記載に時間はかかりません。

次は、各種チェック項目に対する評価欄です。評価をする際の判断
基準は、自分の主観で問題ないですが、ここをどれだけ掘り下げたか
により、今後の安定感が大きく変わります。最初に時間をかけて業界
や銘柄のことを把握できれば、高値掴みやパニック売りに巻き込ま
れる可能性が減ります。また、銘柄についてある程度知っている状態
から入るので、判断軸が明確になります。とはいえ時間がかかる部分
なので、最初はできるところから少しでもやるか、自分で特に重要だ
と思う項目だけはしっかり調べるようにしましょう。

最後は総評欄です。様々な指標等を考慮して、自分がどう評価する
か簡潔に書く欄です。参考までに、私は配当に対して明確なスタンス
がない企業、様々な指標が悪化傾向の企業には、投資をしないように
しています。配当株投資は基本長期投資になるので、安心できそうな
企業を好みます。

実践編①　～アステラス製薬～　直近は苦戦中、主力商品の特許切れ後が踏ん張りどころ

配当利回りも比較的高く、10年以上連続増配銘柄としても有名で
す。いわゆる「ディフェンシブ銘柄」としても分類され、表面的に見
れば魅力的な要素が多く、実際に投資家からの人気も高い銘柄であ
る「アステラス製薬」について考えてみましょう。最初の実践編で
すので、どこから情報を取って評価したか、詳しく解説します。

投資熊式　優良配当銘柄チェックシート

■銘柄概要

銘柄名		コード		業種	
アステラス製薬		4503		医薬品	

配当利回り		時価総額		PER	PBR
4.33 ％		29,235 億円		50.0	1.93

ROA		ROE		自己資本比率	
4.12 ％		6.65 ％		61.4 ％	

企業概要

国内3位の大手製薬会社。グローバル製薬企業としてスペシャリティケア領域（整形・腎・泌尿器・糖尿病・循環器・消化器）、固形がん領域、血液がん領域、関節リウマチ領域の医療用医薬品の研究開発・製造販売。泌尿器・過活動膀胱市場の世界最大手。

■チェック項目（判定：◎、○、△、×）

項目	チェックポイント	判定
株価	株価の動きは問題ないか？	△
配当方針	配当方針に関する記載はあるか？	○
	配当方針に「ポジティブキーワード」や「具体的な数値目標」はあるか？魅力的か？	○
	特殊な配当方針ははあるか？	－
配当履歴 配当性向	過去の「危機局面」での減配はあったか？危機局面でも配当を維持できていたか？	○
	過去の「危機局面」の際の配当性向はどうだったか？安心できる水準か？	○
	配当性向の平均値はどれくらいか？安心できる水準か？	△
	配当性向の推移はどうか？安心できるか？	×
売上高	売上高の傾向はポジティブか？	○
	売上高の成長率は競合他社と比べてどうか？	△
EPS	EPSの傾向はポジティブか？	×
	EPSの成長率は競合他社と比べてどうか？	△
営業利益率	営業利益率は業界平均や同業他社と比べてどうか？	○
	営業利益率の傾向はポジティブか？	×
自己資本比率 ROE ROA	自己資本比率は業界平均や同業他社と比べてどうか？問題ない水準か？	○
	ROEは業界平均や同業他社と比べてどうか？	△
	ROAは業界平均や同業他社と比べてどうか？	△
BPS	BPSは積み上げられているか？	○
キャッシュフロー 現金	営業活動によるキャッシュ・フローは安定的にプラスか？	○
	フリーキャッシュフローは確保できているか？	○
	現金及び現金同等物は確保できているか？	○
PER PBR	PER・PBRは業界平均や同業他社と比べてどうか？	○
	PER・PBRは過去水準と比べてどうか？割安のまま放置されていないか？	○
業界と 企業ポジション 強み	市場は拡大しているか？（日本/世界に分けて考えてもOK）	○
	企業が「業界としてより成長するための流れ・トレンド」についていけているか？	○
	業界の中での立場はポジティブか？	△
	現在、企業を支えている強みはあるか？どう評価できるか？	○
	今後、企業を支えられそうな技術や商品はあるか？どう評価できるか？	△

■総評

配当に対する姿勢はポジティブだが、直近の収益悪化が大きな懸念要素。
主力商品の「イクスタンジ」の特許切れ（2027年）後の収益力低下をカバーする必要があるが、現時点では商品ラインナップの一部に不安要素あり。
主力以外の商品の今後の売れ行きに注目したい。
総じて、現時点では懸念要素が大きく、今後の業績次第では配当にも影響が出る恐れがあるため、保有には注意が必要であると考える。

CHAPTER
3

「投資熊流優良配当銘柄チェックシート」

■銘柄概要

株価 (02/09)	1,615.5円	PER	（予）	50.0倍
時価総額	29,235億円	PBR	（実）	1.93倍
ROE （実）	6.65%	配当利回り	（予）	4.33%
ROA （実）	4.12%	自己資本比率		61.4%
予想経常利益 （予）	82,000	レーティング		4.45
（増益率）	(-38.0%)	(対前週変化)		(0.00)
予想経常利益 （コ）	113,131	目標株価	（コ）	2,450円
（増益率）	(-14.5%)	(株価乖離率)		(51.66%)

※経常利益単位は百万円　　　　　　　　　　　　　　更新日：2024/02/09

（チャート画像：2,300／2,100／1,900／1,700／1,500／26M／13M／0　2023/09　2023/11　2024/01　詳細チャートを見る）

企業分析　チャート　セグメント・海外　業績予想修正　配当・株主還元　アナリスト予想　株価指標　理論株価　業績ニュース　適時開示

企業情報

企業概要　国内3位の大手製薬会社。グローバル製薬企業としてスペシャリティケア領域（整形・腎・泌尿器・糖尿病・循環器・消化器）、固形がん領域、血液がん領域、関節リウマチ領域の医療用医薬品の研究開発・製造販売。泌尿器・過活動膀胱市場の世界最大手。アンメットメディカルニーズの高い疾患領域において付加価値の高い革新的な新薬と医療ソリューション創出（バイオロジー、モダリティ／テクノロジー、疾患の3要素を組み合わせたFocus Areaアプローチ）を推進。主力商品は前立腺がん治療薬「イクスタンジ」、免疫抑制剤「プログラフ」、過活動膀胱治療剤「ミラベグロン/ベタニス・ミラベトリック・ベットミガ」、急性骨髄性白血病治療剤「ゾスパタ」など。2005年山之内製薬と藤沢薬品の合併により設立。2013年米アムジェン社と日本市場における戦略的提携締結。2015年眼科領域のOcata社を買収（467億円）。2017年京都大学iPS細胞研究所とiPS創薬分野で連携。2019年米バイオテクノロジーのオーデンテス・セラピューティクス社を買収（3200億円）。2020年医療機器開発の米iota社を買収。2023年米バイオ医薬品のアイベリック・バイオ社を買収（8000億円）。主要取引先はMcKesson Group、AmerisourceBergen Group。

（出典）マネックス証券　銘柄スカウター

■株価

　長期では上昇傾向、中期では乱高下しつつも微下げ傾向、短期では下降傾向です。特に2023年5月頃のピークからは30％以上株価を下げています。相当下げているため、直近数年でそれなりに大きい問題要素がありそうです。

長期

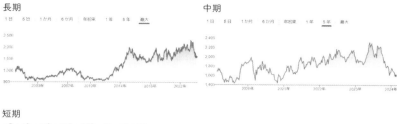

中期

短期

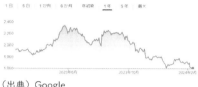

（出典）Google

■配当方針

　最近の決算資料に記載がありました。「経営計画2021の期間中」という条件付きですが、ポジティブキーワードもあります。配当に対する意志はありそうです。

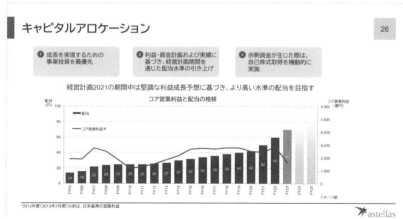

（出典）アステラス製薬　2023年度第3四半期決算概況

■配当履歴と配当性向

　20年以上減配はなく、危機局面と配当性向がリンクしている感じ
はそこまでしません。直近10数年の配当性向の平均値は、50％台後
半でした。高すぎるわけではありませんが、かといって低くもなく、
安心するには微妙な水準です。ここ数年で配当性向が急激に上昇し
てしまっており、直近だと100％を超えているのがかなりの懸念点
です。

2010年3月（連）	46.13%
2011年3月（連）	85.33%
2012年3月（連）	73.79%
2013年3月（連）	64.6%
2014年3月（連）	66.7%
2015年3月（連）	48.8%
2016年3月（連）	35.7%
2017年3月（連）	32.8%
2018年3月（連）	44.4%
2019年3月（連）	33%
2020年3月（連）	38.4%
2021年3月（連）	64.7%
2022年3月（連）	74.5%
2023年3月（連）	110.6%

（出典）IRBANK

■売上高

　直近10数年では、売上高は上昇傾向です。ただ、売上高成長率は同
業他社と比較すると、特別いいとはいえません。マネックス証券の

「10年平均成長率」で見ると、アステラス製薬は4.5％、同業他社の武田薬品工業は10.0％、中外製薬は10.1％、大塚HDは3.7％、第一三共は2.5％でした。

4503　アステラス製薬

年度	売上	
2008/03		0.97兆
2009/03		0.97兆
2010/03		0.97兆
2011/03		0.95兆
2012/03		0.97兆
2013/03		0.98兆
2014/03		1.14兆
2015/03		1.25兆
2016/03		1.37兆
2017/03		1.31兆
2018/03		1.3兆
2019/03		1.31兆
2020/03		1.3兆
2021/03		1.25兆
2022/03		1.3兆
2023/03		1.52兆
2024/03予		1.56兆

（出典）IRBANK

平均成長率

	売上高	営業利益	経常利益	当期利益
3 年平均成長率	5.3%	− 18.3%	− 18.6%	− 20.4%
5 年平均成長率	3.2%	− 9.0%	− 9.5%	− 9.7%
10 年平均成長率	4.5%	0.9%	0.4%	0.7%

（出典）マネックス証券　銘柄スカウター

■EPS

　直近10数年では、EPSは下降傾向に転じました。EPSの成長率は同業他社と比較すると、微妙な位置です。だいぶ乱高下があり、判断しにくいところはありますが、武田薬品工業よりは良く、第一三共とはいい勝負、中外製薬と大塚HDには負けているように見えます。

4503　アステラス製薬

年度	EPS	営利率
2008/03	—	28.37
2009/03	—	25.93
2010/03	51.37	19.12
2011/03	28.91	12.49
2012/03	33.43	13.57
2013/03	39.52	15.67
2014/03	40.45	10.25
2015/03	61.5	14.89
2016/03	89.75	18.14
2017/03	103.69	19.89
2018/03	81.11	16.4
2019/03	115.05	18.67
2020/03	104.15	18.76
2021/03	64.93	10.89
2022/03	67.08	12.01
2023/03	54.24	8.76
2024/03 予	32.35	5.31

4502　武田薬品工業

年度	EPS	営利率
2008/03	—	30.78
2009/03	—	19.92
2010/03	377.05	28.66
2011/03	313.89	25.86
2012/03	157.23	17.56
2013/03	188.16	7.87
2014/03	135.1	8.23
2015/03	− 185.37	− 7.27
2016/03	102.26	7.24
2017/03	147.15	9
2018/03	239.35	13.66
2019/03	140.61	11.33
2020/03	28.41	3.05
2021/03	240.72	15.93
2022/03	147.14	12.91
2023/03	204.29	12.18
2024/03 予	59.28	5.65

4519　中外製薬

年度	EPS	営利率
2008/12	—	15.77
2009/12	33.73	19.26
2010/12	24.68	17.45
2011/12	20.98	16.71
2012/12	27.43	19.77
2013/12	31.16	18.59
2014/12	31.18	16.45
2015/12	37.33	17.4
2016/12	32.71	15.63
2017/12	44.35	18.52
2018/12	56.36	21.44
2019/12	95.95	30.69

年度	EPS	営利率
2020/12	130.66	38.28
2021/12	184.29	42.2
2022/12	227.64	42.34
2023/12	197.83	39.52

4568 第一三共

年度	EPS	営利率
2008/03	—	17.82
2009/03	—	10.55
2010/03	19.68	10.03
2011/03	32.97	12.63
2012/03	4.88	10.46
2013/03	30.1	10.11
2014/03	28.86	12.56
2015/03	152.52	8.09
2016/03	39.79	13.22
2017/03	26.54	9.31
2018/03	30.44	7.94
2019/03	48.07	9
2020/03	66.4	14.14
2021/03	39.17	6.63
2022/03	34.94	6.99
2023/03	56.96	9.43
2024/03 予	91.27	12.66

4578 大塚HD

年度	EPS	営利率
2009/03	—	9.57
2010/03	129.91	9.08
2011/03	147.66	11.2
2012/03	165.24	12.88
2013/03	219.47	13.93
2014/03	278.13	13.68

年度	EPS	営利率
2014/12	264.26	16.05
2015/12	188.17	10.64
2016/12	170.83	8.46
2017/12	207.61	8.4
2018/12	152.24	8.38
2019/12	234.55	12.65
2020/12	273.16	13.96
2021/12	231.32	10.31
2022/12	246.81	8.65
2023/12 予	337.02	12.34

（出典）IRBANK

■営業利益率

　直近10数年では、営業利益率は下落傾向です。直近の単年度デー
タだけ見ると判断しにくいですが、直近10数年の平均で見ると中外
製薬以外には勝っており、優秀と言えます。

■自己資本比率・ROA・ROE

　自己資本比率は平均を少し下回っていますが、推移を見ても概ね
60％以上を維持できています。問題ない水準ですが、緩やかな減少
傾向であることは要注意です。

　ROAとROEは減少傾向に転じているのと、同業他社と比べても良
くはありません。過去の水準から見てもずいぶん低くなってしまっ
たので、復活に期待したいところです。

	アステラス 製薬	武田薬品 工業	大塚 HD	中外製薬	第一三共	平均
自己資本 比率	61.4%	45.5%	71.7%	84.1%	57.6%	64.06%
ROA	4.12%	2.34%	4.52%	17.12%	4.62%	6.54%
ROE	6.65%	5.27%	6.33%	21.34%	7.81%	9.48%

（出典）マネックス証券　銘柄スカウター

4503　アステラス製薬

年度	BPS
2008/03	—
2009/03	—
2010/03	470.94
2011/03	483.23
2012/03	480.87
2013/03	502.01
2014/03	568.53
2015/03	600.93
2016/03	592.57
2017/03	615.89
2018/03	641.8
2019/03	667.29
2020/03	694.03
2021/03	748.03
2022/03	799.26
2023/03	839.26

（出典）IRBANK

■BPS

　BPSはしっかり積み上げることができており、問題はなさそうです。

■キャッシュ・フローと現金

　営業活動によるキャッシュ・フローは安定的にプラスであり、上昇傾向と言えそうです。フリーキャッシュフローも問題なく、現金も安定的に保有しています。総じて、事業を続けていくうえでの大きな問題はないと考えていいでしょう。

4503　アステラス製薬

年度	営業 CF	投資 CF	財務 CF	フリー CF	設備投資	現金等
2008/03	1869 億	− 84.2 億	− 1314 億	1785 億	− 403 億	4605 億
2009/03	1978 億	− 290 億	− 1847 億	1688 億	− 476 億	4098 億
2010/03	1501 億	− 316 億	− 859 億	1186 億	− 643 億	4319 億
2011/03	1006 億	− 2426 億	− 933 億	− 1420 億	− 507 億	1755 億
2012/03	1727 億	− 260 億	− 579 億	1467 億	− 641 億	2524 億
2013/03	1509 億	− 551 億	− 1100 億	958 億	− 675 億	2649 億
2014/03	2143 億	− 269 億	− 894 億	1874 億	—	3914 億
2015/03	1877 億	− 715 億	− 1211 億	1162 億	—	3964 億
2016/03	3137 億	− 1471 億	− 1935 億	1667 億	—	3600 億
2017/03	2356 億	− 734 億	− 1662 億	1622 億	—	3409 億
2018/03	3126 億	− 1218 億	− 2034 億	1908 億	− 251 億	3317 億
2019/03	2586 億	− 418 億	− 2337 億	2169 億	− 277 億	3111 億
2020/03	2220 億	− 3898 億	1811 億	− 1678 億	− 418 億	3184 億
2021/03	3068 億	− 819 億	− 2295 億	2249 億	− 337 億	3261 億
2022/03	2574 億	− 624 億	− 2163 億	1950 億	− 302 億	3160 億
2023/03	3278 億	− 845 億	− 1956 億	2433 億	− 366 億	3768 億

（出典）IRBANK

■PER・PBR

PERもPBRも同業他社と比べて著しく高い印象や低い印象はありません。加えて、割安のまま放置されている印象もないです。

	アステラス製薬	武田薬品工業	大塚HD	中外製薬	第一三共
PER	50.0	71.6	16.3	―	50.8
PBR	1.93	0.99	1.23	5.52	5.61

（出典）マネックス証券　銘柄スカウター

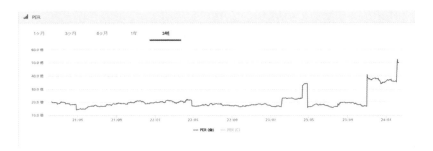

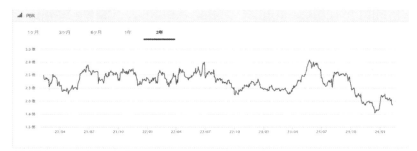

（出典）バフェット・コード

■業界と企業ポジション・強み

医薬品業界の業界規模は、日本はほぼ横ばい、海外は成長の予想です。

地域別売上高シェア

2022年 約200兆円※1
1兆4,823億ドル

- その他 13.9%
- 米国 42.4%
- 欧州5カ国 13.8%
- 中国 11.2%
- 日本 4.9% → **約9.9兆円※1**
- 新興国/地域 13.8%

※1 1ドル＝135円で換算

年平均成長率予測値（2023年 - 2027年）

グローバル	3 - 6%
米国	2.5 - 5.5%
欧州5カ国	5.2%※2
中国	3.1%
日本	0.3%

※2 2027年の市場規模予測（$263Bn）及び2022年の市場規模
（$204Bn）を元に算出

（出典）第一三共株式会社　公式HP

　米IQVIAがまとめた世界医薬品支出予測レポートによると、2024年から28年の5年間で世界市場の年平均成長率（CAGR）6〜9％に対し、日本はマイナス2〜プラス1％の横ばいと見込んだ。その理由を「毎年改定によりイノベーションが相殺される」と指摘した。

（出典）薬事日報　Webサイト

　業界としてより成長するための取り組みは様々ありますが、私が重要視するのは海外進出とアイテム数の確保です。需要がありそうな地域にしっかり進出することと、買ってもらえるような魅力的な商品を揃えることは、売上高を伸ばす大きな方法です。加えて医薬品業界の場合、日本は薬価改定がありますので、これでマイナス影響を受けてしまうケースが出ることもリスクの一つです。

　アステラス製薬の海外売上高比率は80％を超えており、競合他社と比べても遜色ない水準です。競争でしっかり勝てていれば申し分ないでしょう。

	アステラス製薬	武田薬品工業	大塚HD	中外製薬	第一三共
海外売上高比率	81.2%	87.3%	62.3%	43.7%	58.3%

（出典）マネックス証券　銘柄スカウター

　いわゆる「売れる」アイテムを揃えるには、研究力の向上や買収等、様々な方法があります。買収については、武田薬品工業は2019年にアイルランド製薬大手「シャイアー社」を約6兆円で買収しており、これはインパクトが大きかったです。一方アステラス製薬は、2023年にアメリカの「アイベリック・バイオ社」を約8,000億円で買収しました。他にも、「アステラス　買収」とネットで検索をかけたり、アステラス製薬のHPで検索をかけたりすると、活発に買収を行っていることが分かります。もちろん、買収は規模で競ったり、買収を行ったりしておしまいではなく、しっかりその効果が出せているかが重要です。しかしまずやらないことには何も始まりません。その視点では、アステラス製薬は成長のために買収という手段を積極的に使っていると言えそうです。

英国Quethera社買収のお知らせ - 緑内障を対象とした革新的な遺伝子治療プログラムを獲得 -
ニュース | アステラス製薬
2018年08月10日

　アステラス製薬株式会社（本社：東京、以下「アステラス製薬」）は、本日（日本時間）、Quethera Limited（本社：英国ケント州、CEO: Peter Widdowson、以下「Quethera社」）を買収しましたので、お知らせします。Quethera社は、緑内障 *1 など眼科領域における新規の遺伝子治療の開発に注力する英国のバイオベンチャー企業です。　本買収により、アステラス製薬は緑内障患者の網膜に治療遺伝子を発現させる遺伝子組換えアデノ随伴ウイルス（recombinant adeno-associated viral...
https://www.astellas.com/jp/news/14206

Potenza社買収のお知らせ - 新規がん免疫療法プログラムの獲得により、がん領域ポートフォリオを拡充 -
ニュース | アステラス製薬
2018年12月14日

　アステラス製薬株式会社（本社：東京、以下「アステラス製薬」）は、米国のがん免疫関連バイオテクノロジー企業Potenza Therapeutics, Inc.（以下「Potenza社」）との間で2015年に締結した独占的共同研究開発契約に基づきPotenza社を買収する独占的オプション権を行使し、米国東部時間12月13日にアステラス製薬による買収手続きが完了しましたので、お知らせます。Potenza社との提携により創出した臨床段階にある複数の新規がん免疫療法プログラムは、アステラス製薬が保有する既存のがんプログラムとの併用療法や...
https://www.astellas.com/jp/news/20021

米国 Audentes社買収に関する契約締結および株式公開買付けの開始予定に関するお知らせ
ニュース | アステラス製薬
2019年12月03日

-遺伝子治療分野でのリーディングポジション確立に向けた重要なステップ- -リードプログラムのAT132が第I/II相臨床開発段階- -2020年の第1四半期に買収完了予定。Audentes社を完全子会社化-　アステラス製薬株式会社（本社：東京、以下「アステラス製薬」）は、米国のバイオテクノロジー企業 Audentes Therapeutics, Inc.（NASDAQ：BOLD、本社：米国カリフォルニア州、Chairman and CEO：Mathew R. Patterson、以下「Audentes社」）との間で...
https://www.astellas.com/jp/news/21636

（出典）アステラス製薬　公式HP

アステラス製薬の業界の中のポジションは正直いいとは言えません。下方修正が続いており、業績への懸念も大きいため、株価が下がっていると推測できます。今期の業績予想を遡ってみると、当初予想は2,270億円でしたが、それが2,040億円に下方修正され、さらに次の決算では850億円に下方修正、直近の決算では580億円まで下がっています。同業他社（武田薬品工業、大塚HD、中外製薬、第一三共）と比較すると、直近では武田薬品が1回下方修正をした程度で、アステラスのようにほぼ毎回下方修正した会社はありません。

３．2024年３月期の連結業績予想（2023年４月１日〜2024年３月31日）

（％表示は対前期増減率）

	売上収益		営業利益		税引前利益		当期利益		親会社の所有者に帰属する当期利益		基本的１株当たり当期利益
	百万円	％	百万円	％	百万円	％	百万円	％	百万円	％	円　銭
通期	1,520,000	0.1	288,000	116.5	289,000	118.3	227,000	130.0	227,000	130.0	126.34

コアベースでの連結業績予想は次の通りです。

（％表示は対前期増減率）

	売上収益		コア営業利益		コア当期利益		基本的１株当たりコア当期利益
	百万円	％	百万円	％	百万円	％	円　銭
通期	1,520,000	0.1	290,000	1.1	228,000	1.5	126.89

（注）当社は、会社の経常的な収益性を示す指標としてコアベースの業績を開示しています。コアベースの業績の定義につきましては、添付資料に記載しています。

（出典）アステラス製薬　2023年3月期 決算短信

３．2024年３月期の連結業績予想（2023年４月１日〜2024年３月31日）

（％表示は対前期増減率）

	売上収益		営業利益		税引前利益		当期利益		親会社の所有者に帰属する当期利益		基本的１株当たり当期利益
	百万円	％	百万円	％	百万円	％	百万円	％	百万円	％	円　銭
通期	1,520,000	0.1	259,000	94.7	260,000	96.4	204,000	106.7	204,000	106.7	113.54

（注）直近に公表されている業績予想からの修正の有無 : 有

コアベースでの連結業績予想は次のとおりです。

（％表示は対前期増減率）

	売上収益		コア営業利益		コア当期利益		基本的１株当たりコア当期利益
	百万円	％	百万円	％	百万円	％	円　銭
通期	1,520,000	0.1	290,000	1.1	228,000	1.5	126.89

（注）直近に公表されている業績予想からの修正の有無 : 無
　当社は、会社の経常的な収益性を示す指標としてコアベースの業績を開示しています。コアベースの業績の定義につきましては、添付資料に記載しています。

（出典）アステラス製薬　2024年3月期 第1四半期決算短信

3．2024年3月期の連結業績予想（2023年4月1日～2024年3月31日）

（売上示は対前期増減率）

	売上収益		営業利益		税引前利益		当期利益		親会社の所有者に帰属する当期利益		基本的1株当たり当期利益
	百万円	%	百万円	%	百万円	%	百万円	%	百万円	%	円 銭
通期	1,608,000	5.9	123,000	△7.5	121,000	△8.6	85,000	△13.	85,000	△13.9	47.39

（注）直近に公表されている業績予想からの修正の有無 ： 有

コアベースでの連結業績予想は次のとおりです。

（%表示は対前期増減率）

	売上収益		コア営業利益		コア当期利益		基本的1株当たりコア当期利益
	百万円	%	百万円	%	百万円	%	円 銭
通期	1,608,000	5.9	199,000	△30.6	154,000	△31.4	85.87

（注）直近に公表されている業績予想からの修正の有無 ： 有
当社は、会社の経常的な収益性を示す指標としてコアベースの業績を開示しています。コアベースの業績の定義につきましては、添付資料に記載しています。

（出典）アステラス製薬　2024年3月期　第2四半期決算短信

3．2024年3月期の連結業績予想（2023年4月1日～2024年3月31日）

（売上示は対前期増減率）

	売上収益		営業利益		税引前利益		当期利益		親会社の所有者に帰属する当期利益		基本的1株当たり当期利益
	百万円	%	百万円	%	百万円	%	百万円	%	百万円	%	円 銭
通期	1,562,000	2.9	83,000	△37.6	82,000	△38.0	58,000	△41.	58,000	△41.2	32.34

（注）直近に公表されている業績予想からの修正の有無 ： 有

コアベースでの連結業績予想は次のとおりです。

（%表示は対前期増減率）

	売上収益		コア営業利益		コア当期利益		基本的1株当たりコア当期利益
	百万円	%	百万円	%	百万円	%	円 銭
通期	1,562,000	2.9	164,000	△42.8	127,000	△43.5	70.82

（注）直近に公表されている業績予想からの修正の有無 ： 有
当社は、会社の経常的な収益性を示す指標としてコアベースの業績を開示しています。コアベースの業績の定義につきましては、添付資料に記載しています。

（出典）アステラス製薬　2024年3月期　第3四半期決算短信

　アステラス製薬の主力商品は「イクスタンジ」という薬です。この薬は、アステラス製薬の売上の4割以上（今期のアステラス製薬の売上予想は1兆5,620億円に対し、イクスタンジの売上予想は7,198億円）を支える超主力商品です。加えて、決算説明資料によると、持続的に成長していることが分かります。現時点での主力商品の状況は素晴らしいですが、イクスタンジは2027年に特許切れを控えていることは決して忘れてはいけません。

（億円）	1Q-3Q累計実績	前年同期比	通期予想	
Xtandi (enzalutamide)	5,600	+481 (+9%)	7,198	✓ グローバル売上は2Qに上方修正した通期予想に沿った推移 ✓ 為替の影響を除いても約5%成長、発売から10年以上経過した今も持続的に成長 ✓ 上方修正した通期予想の達成を見込む ✓ 発売している全ての地域で売上が拡大 ✓ 米国：2023年11月にEMBARK試験に基づくM0 CSPCの追加適応の承認を取得　PAPを除く物量は着実に増加（物量前年同期比：+3%）

（出典）アステラス製薬　2023年度第3四半期決算概況

「投資熊流優良配当銘柄チェックシート」

　アステラス製薬の主力以外の商品の状況を確認していきます。いくつかありますが、決算説明会資料が分かりやすいため、すぐに状況を把握することができます。

「ゾスパタ」という薬はとても順調そうです。

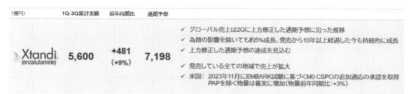

（出典）アステラス製薬　2023年度第3四半期決算概況

「パドセブ」という薬も素晴らしいです。ピーク時売上予想を上方修正しています。

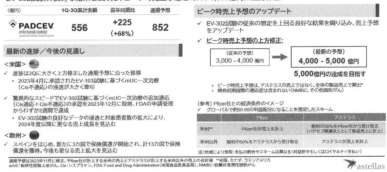

（出典）アステラス製薬　2023年度第3四半期決算概況

「IZERVAY」という薬も問題はなさそうです。

（出典）アステラス製薬　2023年度第3四半期決算概況

「VEOZAH」という薬ですが、「下方修正」という少し心配なワー
ドが目に飛び込んでくるのが分かります。会社によると予想より成

長が遅れている模様です。当初、売上予想を533億円と設定したとのことですが、今回の決算では71億円予想と大幅に下方修正しています。「様々あるアイテムのうちの一つが不調なだけ」とも捉えられますが、主力商品が数年後に特許切れを迎える中、今後を支える商品の一つがこれだけ大幅に下方修正してしまうと、やはり心配せずにはいられません。ただ、あくまでも現時点での話ですので、持続的に見守っていく必要があります。今後、何事もなかったように急速に成長する可能性もありますが、逆にさらなる下方修正が来る可能性も否定できません。いずれにせよ、不必要に早まる必要はなく、時間をかけてしっかり見守っていくことが大事です。

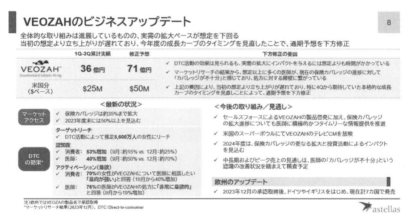

（出典）アステラス製薬　2023年度第3四半期決算概況

2023年度通期業績予想　修正予想

- 売上収益：下方修正
  - ✓ VEOZAHの進捗状況を反映し、通期予想を下方修正
  - ✓ 為替およびVEOZAH以外の製品売上は2Qで開示した通期予想から修正せず
- 営業利益：下方修正
  - ✓ VEOZAH売上収益の下方修正に伴い、利益段階も下方修正
  - ✓ 費用の見直しにより、上記影響を一部軽減

（億円）	2023年度 通期予想	2023年度 修正予想	差異	主な修正項目
売上収益	16,080	15,620	-460	VEOZAH下方修正：533億円 → 71億円 （米国分：$375M → $50M）
販管費	7,370	7,310	-60	VEOZAH成長カーブの見直しに伴う、 投資タイミングの見直し
研究開発費	2,900	2,860	-40	IZERVAYの生産コスト（研究開発費）を 個別資産として認識する会計処理の適用
コア営業利益	1,990	1,640	-350	
＜フルベース＞				
営業利益	1,230	830	-400	

*2023年11月に修正。為替レートの想定：1ドル140円、1ユーロ152円

astellas

（出典）アステラス製薬　2023年度第3四半期決算概況

　ちなみに、アステラス製薬の中期経営計画や決算説明資料を見ると、「VEOZAH」はかなり期待度が高い商品であることが分かります。

XTANDIおよび重点戦略製品：ピーク時売上予想（2023年10月時点）

製品	ピーク時売上予想 （グローバル、億円）
XTANDI（エンザルタミド）	7,000 以上
VEOZAH（fezolinetant）	3,000 - 5,000
パドセブ（エンホルツマブ ベドチン）¹	3,000 - 4,000
IZERVAY（avacincaptad pegol）	2,000 - 4,000
ゾスパタ（ギルテリチニブ）	1,000 - 2,000
ゾルベツキシマブ	1,000 - 2,000
エベレンゾ（ロキサデュスタット）²	500 未満
AT132（resamirigene bilparvovec）	500 未満

ピボタル試験を実施中の適応症に限る（2023年10月時点）。当第2四半期からIZERVAYを重点戦略製品に追加
1. 米州については、パートナーのSeageo社合計とする売上を用いて算出。
2. アステラスの権利帰属国のみ：日本、欧州、独立国家共同体（CIS）、中東、南アフリカ等

astellas

（出典）アステラス製薬　2023年度第2四半期決算概況

　いかがだったでしょうか。今回は一つ一つ丁寧に裏取りをしなが

ら時間をかけて分析したこともあって、「ここまでやるのか…」と思われた方もいるかもしれません。逆に、「これだけではまだまだ足りない」と思う方もいるでしょう。

しかし少なくとも、今回こうやって考えてみることで、「〇〇年連続増配」、「〇〇年非減配」、「ディフェンシブ銘柄」といった表面的な情報だけ見ることと、丁寧に調べて考えてみることの「違い」は実感しやすいでしょう。

繰り返しにはなりますが、できるところからやってみたり、自分が重要視する項目だけでも優先して掘り下げてみたりすることが大事です。何もしないよりは何かをする方が確実に今後につながります。

実践編②　〜NTT〜　安定感抜群、長期的には事業領域の拡大がポイント

■チェックシート（※2024年2月時点）

投資熊式　優良配当銘柄チェックシート				

■銘柄概要

銘柄名		コード		業種
日本電信電話		9432		情報・通信

配当利回り		時価総額		PER		PBR	
2.77	%	163,534	億円	12.2		1.65	

ROA		ROE		自己資本比率	
4.93	%	14.4	%	33.8	%

企業概要

国内最大手の通信事業グループ。NTT、NTT東日本、NTT西日本、NTTドコモ、NTTデータ、NTTコミュニケーションズ、NTTコムウェア等を傘下とする総合ICT事業グループ会社。
国内外 920 社、従業員数 33 万人以上の NTT グループを統括する持株会社。

■チェック項目（判定：◎、○、△、×）

項目	チェックポイント	判定
株価	株価の動きは問題ないか？	◎
配当方針	配当方針に関する記載はあるか？	○
	配当方針に「ポジティブキーワード」や「具体的な数値目標」はあるか？魅力的か？	◎
	特殊な配当方針ははあるか？	―
配当履歴 配当性向	過去の「危機局面」での減配はあったか？危機局面でも配当を維持できていたか？	◎
	過去の「危機局面」の際の配当性向はどうだったか？安心できる水準か？	◎
	配当性向の平均値はどれくらいか？安心する水準か？	○
	配当性向の推移はどうか？安心できるか？	○
売上高	売上高の傾向はポジティブか？	○
	売上高の成長率は競合他社と比べてどうか？	△
EPS	EPSの傾向はポジティブか？	◎
	EPSの成長率は競合他社と比べてどうか？	○
営業利益率	営業利益率は業界平均や同業他社と比べてどうか？	△
	営業利益率の傾向はポジティブか？	○
自己資本比率 ROE ROA	自己資本比率は業界平均や同業他社と比べてどうか？問題ない水準か？	△
	ROEは業界平均や同業他社と比べてどうか？	○
	ROAは業界平均や同業他社と比べてどうか？	○
BPS	BPSは積み上げられているか？	○
キャッシュフロー 現金	営業活動によるキャッシュ・フローは安定的にプラスか？	○
	フリーキャッシュフローは確保できているか？	○
	現金及び現金同等物は確保できているか？	○
PER PBR	PER・PBRは業界や同業他社と比べてどうか？	○
	PER・PBRは過去水準と比べてどうか？割安のまま放置されていないか？	○
業界と 企業ポジション 強み	市場は拡大しているか？（日本/世界に分けて考えてもOK）	○
	企業が「業界としてより成長するための流れ・トレンド」についていけているか？	○
	業界の中での立場はポジティブか？	○
	現在、企業を支えている強みはあるか？どう評価できるか？	○
	今後、企業を支えられそうな技術や商品はあるか？どう評価できるか？	○

■総評

配当に対する姿勢が素晴らしく、業界としても重要度が高い&継続的な需要が期待できるし、収益性も問題ない。
通信料引き下げ圧迫が懸念要素ではあるものの、通信事業で継続的に利益を確保し、事業領域を拡大できれば問題ないと思われる。
総じて、現時点では順調そのもので長期目線もOKだが、業績はしっかり追っていきたい。

情報・通信業トップのNTTは、直近10年で株価が3倍以上になりました。20年以上減配なし、13年連続増配継続中です。さらに2023年5月に発表した「新中期経営戦略」では、「継続的な増配の実施を基本的な考え方とする」という魅力的な配当政策を設定しました。直近10数年では、配当性向は安定傾向、平均も30％台後半と無理のない水準です。売上高は緩やかな上昇傾向で、同業のKDDI（5.67兆円）とソフトバンク（5.91兆円）より規模が大きい（13.1兆円）こともあり、成長率は少し劣ります。しかし、EPSは堅調な業績と積極的な自社株買いのお陰で右肩上がり傾向で、成長率も同業他社と比べて遜色ありません。営業利益率は同業他社と比べると若干下がりますが、10％以上＆伸長傾向のため、良好です。自己資本比率は問題ない水準ですが、低下傾向であり要注意です。ROEとROAともに通信大手3社で2番手、伸張傾向です。BPSも積み上げられています。営業活動によるキャッシュ・フローは安定的にプラスで推移、フリーキャッシュフローも確保できており、現金も十分保有しています。

　通信インフラは我々の生活に欠かせないものであり、これだけでも業界のすごさが分かります。ブランド力も非常に強く、固定通信・移動体通信ともに契約数は堅調です。業界としては、非通信分野への進出など、事業領域を広げることがポイントとなっています。その点NTTは様々な分野に進出しており、5年間（2022年度〜2027年度）で「成長分野」に約8兆円の投資を予定しています。

「投資熊流優良配当銘柄チェックシート」

実践編③　〜三菱商事〜
安定感を増す総合商社の王者

■チェックシート（※2024年2月時点）

投資熊式　優良配当銘柄チェックシート

■銘柄概要

銘柄名	コード	業種
三菱商事	8058	卸売業

配当利回り	時価総額	PER	PBR
2.15　%	135,818　億円	14.4	1.54

ROA		ROE		自己資本比率	
5.36	%	15.79	%	36.4	%

■企業概要

大手総合商社、総資産・売上１位。天然ガス、総合素材、石油・化学、金属資源、産業インフラ、自動車・モビリティ、食品産業、コンシューマー産業、電力ソリューション、複合都市開発の10事業をグローバル展開。

■チェック項目（判定：◎、○、△、×）

項目	チェックポイント	判定
株価	株価の動きは問題ないか？	◎
配当方針	配当方針に関する記載はあるか？	○
	配当方針に「ポジティブキーワード」や「具体的な数値目標」はあるか？魅力的か？	○
	特殊な配当方針ははあるか？	−
配当履歴 配当性向	過去の「危機局面」での減配はあったか？危機局面でも配当を維持できていたか？	△
	過去の「危機局面」の際の配当性向はどうだったか？安心できる水準か？	△
	配当性向の平均値はどれくらいか？安心できる水準か？	○
	配当性向の推移はどうか？安心できるか？	○
売上高	売上高の傾向はポジティブか？	○
	売上高の成長率は競合他社と比べてどうか？	◎
EPS	EPSの傾向はポジティブか？	○
	EPSの成長率は競合他社と比べてどうか？	○
営業利益率	営業利益率は業界平均や同業他社と比べてどうか？	○
	営業利益率の傾向はポジティブか？	○
自己資本比率 ROE ROA	自己資本比率は業界平均や同業他社と比べてどうか？問題ない水準か？	○
	ROEは業界平均や同業他社と比べてどうか？	○
	ROAは業界平均や同業他社と比べてどうか？	○
BPS	BPSは積み上げられているか？	○
キャッシュフロー 現金	営業活動によるキャッシュ・フローは安定的にプラスか？	○
	フリーキャッシュフローは確保できているか？	○
	現金及び現金同等物は確保できているか？	◎
PER PBR	PER・PBRは業界平均や同業他社と比べてどうか？	△
	PER・PBRは過去水準と比べてどうか？割安のまま放置されていないか？	○
業界と 企業ポジション 強み	市場は拡大しているか？（日本/世界に分けて考えてもOK）	○
	企業が「業界としてより成長するための流れ・トレンド」についていけているか？	○
	業界の中での立場はポジティブか？	○
	現在、企業を支えている強みはあるか？どう評価できるか？	○
	今後、企業を支えられそうな技術や商品はあるか？どう評価できるか？	○

■総評

株主還元への姿勢が素晴らしく、各種指標も問題ない。
資源価格次第ではあるものの、非資源分野の進出も積極的に行っており、その比率も 50％程度ある。
そのため、インパクトが相当大きい事象が起きない限り、極端な減配はないと想定する。
総じて、安心感は高くなってきており、今後は非資源分野に対する経営計画や進捗を追っていけば OK と考える。

総合商社トップの三菱商事は、直近10年で株価が5倍近くになりました。直近10数年では2回減配しましたが、2016年以降は増配継続中です。2022年5月に発表した「中期経営戦略2024」では、「累進配当と機動的な自社株買いによる株主還元」という魅力的な方針を出しています。次の経営戦略で方針がどうなるか注目です。

　直近10数年では、2016年は赤字、コロナショック時は配当性向が100％を超えましたが、それ以外は安定傾向で、平均も30％台前半と無理のない水準です。売上高もEPSも若干上下しますが、伸長傾向と見て問題ないです。売上高は7大商社でトップ、EPSは並です。総合商社は様々な事業を手掛けており、利益率は単純には比較できませんが、三菱商事は特段問題要素なしです。自己資本比率、ROE、ROAは7大商社の中では並程度ですが、全く問題ありません。BPSも積み上げられています。営業活動によるキャッシュ・フローは安定的にプラスで、ここ数年は1兆円を超えています。フリーキャッシュフローも確保できており、現金も潤沢です。PER、PBRは7大商社の中では高いですが、過熱感はありません。

　総合商社は収益の多くを価格変動リスクが高い資源に頼っており、成長と安定性を取るには非資源分野への進出がポイントです。その点、三菱商事は10事業を展開しており、非資源分野も結果が出てきています。直近はコンシューマー産業（ローソンなど）が好調です。経営戦略でも成長分野への着実な投資を打ち出しています。

「投資熊流優良配当銘柄チェックシート」

実践編④　〜トヨタ自動車〜
非常に強力だがライバルも多い世界王者

■チェックシート（※2024年2月時点）

投資熊式　優良配当銘柄チェックシート

■銘柄概要

銘柄名	コード	業種
トヨタ自動車	7203	輸送用機器

配当利回り	時価総額	PER	PBR
今期未定　%	574,451　億円	10.6	1.46

ROA		ROE		自己資本比率	
3.45	%	8.98	%	38.1	%

■企業概要

世界のモビリティカンパニー。自動車販売台数は独VW・日産ルノー連合と並ぶ世界トップ。
現地生産を基盤にコンパクト・セダン・SUV・スポーツ・ワゴン・商用車・トラック等の製造・販売。
世界No1の自動車グループ（デンソー・豊田自動織機・トヨタ紡織・アイシン精機・豊田合成など）を形成。

■チェック項目（判定：◎、○、△、×）

項目	チェックポイント	判定
株価	株価の動きは問題ないか？	◎
配当方針	配当方針に関する記載はあるか？	○
	配当方針に「ポジティブキーワード」や「具体的な数値目標」はあるか？魅力的か？	○
	特殊な配当方針ははあるか？	ー
配当履歴配当性向	過去の「危機局面」での減配はあったか？危機局面でも配当を維持できていたか？	△
	過去の「危機局面」の際の配当性向はどうだったか？安心できる水準か？	○
	配当性向の平均値はどれくらいか？安心できる水準か？	○
	配当性向の推移はどうか？安心できるか？	○
売上高	売上高の傾向はポジティブか？	○
	売上高の成長率は競合他社と比べてどうか？	◎
EPS	EPSの傾向はポジティブか？	○
	EPSの成長率は競合他社と比べてどうか？	○
営業利益率	営業利益率は業界平均や同業他社と比べてどうか？	○
	営業利益率の傾向はポジティブか？	○
自己資本比率ROEROA	自己資本比率は業界平均や同業他社と比べてどうか？問題ない水準か？	○
	ROEは業界平均や同業他社と比べてどうか？	○
	ROAは業界平均や同業他社と比べてどうか？	○
BPS	BPSは積み上げられているか？	○
キャッシュフロー現金	営業活動によるキャッシュ・フローは安定的にプラスか？	○
	フリーキャッシュフローは確保できているか？	○
	現金及び現金同等物は確保できているか？	◎
PERPBR	PER・PBRは業界平均や同業他社と比べてどうか？	△
	PER・PBRは過去水準と比べてどうか？割安のまま放置されていないか？	○
業界と企業ポジション強み	市場は拡大しているか？（日本/世界に分けて考えてもOK）	○
	企業が「業界として成長するための流れ・トレンド」についていけているか？	△
	業界の中での立場はポジティブか？	◎
	現在、企業を支えている強みはあるか？どう評価できるか？	◎
	今後、企業を支えられそうな技術や商品はあるか？どう評価できるか？	○

■総評

配当に対する姿勢も良く、国を支える業界の一つであり、生活に欠かせない商材で、継続的な需要が期待できる。
現時点では世界トップの位置にいるのもGood。
EVへのシフトが進む中、成長し続けているのは素晴らしいが、競合もたくさんあるため油断はできない。
総じて、世界一の自動車メーカーだから万事OKと思い続けるのはいささか甘いと考える。

自動車世界トップのトヨタ自動車は、直近10年で株価が2.8倍になりました。2011年以来減配はありません。2024年2月に発表した「統合報告書2023」では、「安定的・継続的に増配を実施する方針」、「長期保有の株主の皆様に報いるため、配当に軸足をシフト」という力強い方針を出しています。リーマンショック時は減配し、配当性向も高めでしたが、それ以外は安定傾向で、平均も30％台前半と無理のない水準です。売上高もEPSも伸長傾向で、同業他社（ホンダ、日産、SUBARU、マツダ、三菱）と比較しても遜色ありません。利益率は同業他社の中では優秀な方ですが、自動車業界自体利益率が高いとは言えない業界です。自己資本比率、ROE、ROAは、同業他社の中では悪くはなく、問題ない水準です。BPSも積み上げられています。営業活動によるキャッシュ・フローは安定的にプラスで、2兆円を超えています。フリーキャッシュフローは2015年以前はマイナスが目立ちますが、最近はしっかり確保できており、現金も7兆円以上と潤沢です。PER、PBRは同業他社の中では高めですが、過熱感はありません。

　自動車業界はグローバルでは緩やかな成長予測が出ており、トヨタの世界販売台数は4年連続世界一位です。ただ、EVではBYDなどの中国メーカーやテスラなど欧州メーカーに先行されています。自動車全体で見てもブランド力が強い欧州メーカー、同じアジアのメーカーである現代自動車グループも躍進しているため、今後も競争は激しいでしょう。

■チェックシート（※2024年2月時点）

投資熊式　優良配当銘柄チェックシート

■銘柄概要

銘柄名	コード	業種
信越化学工業	4063	化学

配当利回り	時価総額	PER	PBR
1.52 ％	131,791 億円	25.4	3.09

ROA	ROE	自己資本比率
16.13 ％	19.68 ％	81.8 ％

企業概要

世界的な総合化学素材メーカー。
素材・製品メーカーとして生活環境基盤材料（塩化ビニル樹脂、か性ソーダ）、電子材料（シリコンウェハー、フォトレジスト）、
機能材料（シリコーン、セルロース）の製造販売。

■チェック項目（判定：◎、○、△、×）

項目	チェックポイント	判定
株価	株価の動きは問題ないか？	◎
配当方針	配当方針に関する記載はあるか？	○
	配当方針に「ポジティブキーワード」や「具体的な数値目標」はあるか？魅力的か？	○
	特殊な配当方針ははあるか？	—
配当履歴 配当性向	過去の「危機局面」での減配はあったか？危機局面でも配当を維持できていたか？	◎
	過去の「危機局面」の際の配当性向はどうだったか？安心できる水準か？	○
	配当性向の平均値はどれくらいか？安心できる水準か？	○
	配当性向の推移はどうか？安心できるか？	◎
売上高	売上高の傾向はポジティブか？	○
	売上高の成長率は競合他社と比べてどうか？	○
EPS	EPSの傾向はポジティブか？	○
	EPSの成長率は競合他社と比べてどうか？	○
営業利益率	営業利益率は業界平均や同業他社と比べてどうか？	◎
	営業利益の傾向はポジティブか？	◎
自己資本比率 ROE ROA	自己資本比率は業界平均や同業他社と比べてどうか？問題ない水準か？	◎
	ROEは業界平均や同業他社と比べてどうか？	◎
	ROAは業界平均や同業他社と比べてどうか？	◎
BPS	BPSは積み上げられているか？	○
キャッシュフロー 現金	営業活動によるキャッシュ・フローは安定的にプラスか？	○
	フリーキャッシュフローは確保できているか？	○
	現金及び現金同等物は確保できているか？	○
PER PBR	PER・PBRは業界平均や同業他社と比べてどうか？	○
	PER・PBRは過去水準と比べてどうか？割安のまま放置されていないか？	○
業界と 企業ポジション 強み	市場は拡大しているか？（日本/世界に分けて考えてもOK）	○
	企業が「業界としてより成長するための流れ・トレンド」についていけているか？	○
	業界の中での立場はポジティブか？	◎
	現在、企業を支えている強みはあるか？どう評価できるか？	◎
	今後、企業を支えられそうな技術や商品はあるか？どう評価できるか？	○

■総評

過去実績、配当方針、各種指標を見る限り、現時点で配当に対する大きな心配はない。
ただし、経済状況次第ではそれなりの減益は覚悟せねばならず、絶対減配がないと思い込むのはナンセンス。
現時点で世界トップや世界上位のシェアを確保できている商品が幾つもあり、経営効率も非常に優秀。
総じて、現時点では驚異的なほど優秀な企業だが、今後もこれを維持できるか毎回チェックは必要と考える。

大手化学メーカーの信越化学工業は、直近10年で株価が5.6倍になりました。30年以上非減配で、株主還元として「35％前後の配当性向を中長期的な目安に安定的な配当に努めていきます」と宣言しています。直近10数年では、配当金は5倍に成長しましたが、配当性向は比較的安定しており、しかも下降傾向で理想的と言えます。平均も30％台半ばと無理のない水準です。売上高もEPSも伸長傾向で、同業他社（財閥系、大手化学メーカー）と比べても優秀です。利益率は同業他社の中では桁違いの高さを誇ります。しかも直近では伸びていることがまた驚きです。自己資本比率、ROE、ROAも同業他社の中では断トツ優秀です。BPSも積み上げられています。営業活動によるキャッシュ・フローは安定的にプラスで、フリーキャッシュフローも上下はあるもしっかり確保できています。現金も最近1兆円を超えました。PER、PBRは同業他社の中では若干高めですが、過熱感はありません。

　化学業界は目先は厳しいですが、成長予測は出ています。特性上、経済状況や原料価格の影響を受けますが、信越化学工業はそれを受けつつも高い利益水準を維持できています。海外売上高比率も80％超と非常に高く、塩化ビニル樹脂（建材など）やシリコンウエハー（半導体材料など）をはじめとする様々な品目で世界トップシェアを確保しており、成長に向けて設備投資も積極的に行っています。この競争力を今後も維持・向上できるか、新たな主力商品が生まれるかがポイントでしょう。

「投資熊流優良配当銘柄チェックシート」

CHAPTER 4

ポートフォリオ
の組み方

① そもそもなぜポートフォリオを組むのか？

　ここまで自分にとって優良な銘柄を選ぶ方法や考え方について触れてきました。銘柄を選ぶ力が付いたら、今度はポートフォリオを組む番です。ポートフォリオを組む理由は主に2つあります。

　一つ目は「分散」です。第1章でも触れましたが、「卵は一つのカゴに盛るな」という相場格言があるように、分散は非常に重要です。現時点ではどんなに優秀な銘柄であっても今後どうなるか分かりません。普段からしっかりチェックしていればある程度異変には気づきますが、高い精度で予測するのは非常に難しいです。そんな中、少ない銘柄に大切な資産を全振りすることは危険です。幅広い銘柄に分散を図ることで、何かあった際のダメージを減少させることができます。

　二つ目は「自分の理想像の実現」です。自分が実現したい理想像に対して、1つの銘柄が全て充足してくれるとは限りません。減配もない＆配当利回りも高い＆増配率が高い＆株価も上がる＆業績も抜群＆将来性も良い、こんな銘柄はなかなかありません。そのため、自分の理想を実現するためには、色んな銘柄を組み合わせることが必要になります。

②自分の「軸」を思い出そう

　ポートフォリオを組む際のポイントは、「分散」と「自分の理想像の実現」です。まずは自分の理想像を定めるために、自分の「軸」を思い出す必要があります。第１章で行った事前作業を思い出してみましょう。

- 　想定運用期間
- 　投資に充てられる時間・熱量
- 　自分の性向（高配当型、増配追求型、バランス型）
- 　リスク受容度（株価リスク、配当金リスク）

　先述の４項目に加え、自分の希望があれば、それも加えておきましょう。例えば、毎月配当が欲しいのであれば、それをもう一つの軸に加えます。日本株は年２回、米国株は年４回配当が多いですが、うまくポートフォリオを組めば、毎月配当金を手にすることもできます。また、資金条件も考える必要があります。投資資金が50万円であれば、50万円以内でポートフォリオを組む必要があるので、これも希望条件に入れておくべきでしょう。このような形の５項目で大体自分の軸が定まったはずです。

　例えば、私は長期運用（少なくとも数十年）を想定しています。投資で積極的に稼ぐためなら、何でもやるくらいの熱量はあります。将来を見据えたいことに加えて、配当金を増やすことに強い喜びを感じるタイプなため、増配追求型です。リスク受容度に関しては、年齢的にまだ若いこともあり比較的リスクは受容できる方ではありますが、極力配当金を減らしたくはありません。そんな私の場合は、配当

金が不安定な傾向がある海運や鉄鋼銘柄や、利回りが高くても業績が微妙な銘柄は選ばず、利回りは低くても業績が伸びていて、配当金も増やしてくれている銘柄を選んでいます。つまり、長期保有できそうで、配当金がさらに増えそうな銘柄を中心にポートフォリオを組んでいます。

③分散をしよう

　分散をするにあたって、何となく分散をするのは好ましくありません。そもそも、分散と言っても様々なやり方があり、投資する資産、地域、業種、投資タイミングなど、その目的によって合う手段が異なってきます。もちろん、これらを全て意識してうまく分散をするのが理想ではありますが、なかなか面倒かつ難しいです。そもそも個人の性向次第では、過度な分散が不要な場合もあります。

　例えば、私はリスク受容度が比較的高い方ですので、今のところ敢えて債券を持つつもりはありません。自分が厳選した銘柄を長く持ちたいタイプで、目的を持たずとにかく色んな業種の銘柄を買うということもしません。地域に関してはそこまで気にはしませんが、日本以外の国の銘柄でもいい銘柄があれば積極的に取り入れたいという思いに加え、日本の大災害リスクを少し意識しているため、米国株もポートフォリオに入れています。大事なことは、自分が「特に何が怖いのか」をあぶり出すことで、それに合わせた分散を行うのが良いでしょう。

　分散投資について、一般的に「分散＝とにかくたくさん銘柄を持

つこと」だと思われがちです。これは決して間違ってはいませんが、私は必要以上の分散は効率が低くなると考えています。分散を意識してあらゆる業種からあらゆる銘柄を選んでポートフォリオを組むと、結局指数と似たような動き・リターンになってしまいます。これなら、最初から指数に連動するETFを買ってしまう方が楽です。ETFには経費率がかかりますが、自分で多くの銘柄を選んで管理する手間を考えれば、高いコストではありません。むしろ多くの銘柄を持ちすぎることは投資成績の面でも時間的な面でも非効率です。加えて、分散だけが目的になってしまうと、自分が持ちたいと強く思ってもいないのに、ただ分散のために銘柄を持つようになってしまいます。ここまで来るともはや本末転倒です。

　どれくらいの銘柄数がいいかに関しては、どういう視点で考えるかによりますが、リスクと銘柄数の関係の側面では、20〜30銘柄程度だと言われています。それを超えると、一気に分散の効率が落ちてきます。実際に私の経験上、自分で自信を持って管理できるのも20〜30銘柄程度です。投資経験が多くなってくると、もっと多くの銘柄の管理も可能ですが、まずは、20〜30銘柄程度でポートフォリオを組んでみましょう。自信が付いて実現したいことがあれば、増やしていくのも方法です。

　さらにもう一つ付け加えると、株式というリスク資産を持つ限り、必ず一定のリスク要素は発生します。絶対に株価が下がらない、絶対に減配しない、こんな銘柄はありません。そのため、神経質になって銘柄を増やしすぎる必要はないです。どうしても心配なら、現金比率を高める、ポジション量を落とす、債券を入れるなどの方法で対応するのが良いでしょう。

CHAPTER
4

ポートフォリオの組み方

ポートフォリオを組むにあたって、どの業種からどの銘柄をいくつ選ぶかは非常に重要です。業種によって値動きや配当金の出し方に特徴があり、業種がポートフォリオに及ぼす影響は極めて大きいです。ここで、どんな業種があるのか、そして業種ごとの代表的な銘柄はどんな銘柄があるのか、軽く触れていきます。ここでは日本株の分類としてよく用いられる「東証33業種」を活用します。

■東証33業種

業種	代表企業
水産・農林業	マルハニチロ、ニッスイ、極洋
鉱業	INPEX、石油資源開発
建設業	大和ハウス工業、積水ハウス、住友林業、鹿島建設、大林組、清水建設、大成建設
食料品	日本たばこ産業、アサヒグループHD、キリンHD、味の素、明治HD、
繊維製品	東レ、帝人、東洋紡
パルプ・紙	王子HD、日本製紙、レンゴー、大王製紙
化学	三菱ケミカルグループ、住友化学、三井化学、信越化学工業、旭化成、花王、富士フイルムHD
医薬品	武田薬品工業、大塚HD、アステラス製薬、第一三共、中外製薬
石油・石炭製品	ENEOS HD、出光興産、コスモエネルギーHD
ゴム製品	ブリヂストン、住友ゴム工業、横浜ゴム、TOYO TIRE
ガラス・土石製品	AGC、太平洋セメント、日本板硝子、TOTO、日本特殊陶業、日本電気硝子
鉄鋼	日本製鉄、JFE HD、神戸製鋼所
非鉄金属	住友電気工業、三菱マテリアル、住友金属鉱山、古河電気工業
金属製品	LIXIL、東洋製罐グループHD、SUMCO、リンナイ
機械	三菱重工業、IHI、住友重機械工業、ダイキン工業、小松製作所、クボタ、日立建機
電気機器	日立製作所、ソニーグループ、パナソニックHD、三菱電機、キヤノン、富士通、日本電気、ニデック、東京エレクトロン
輸送用機器	トヨタ自動車、本田技研工業、日産自動車、スズキ、マツダ、SUBARU、ヤマハ発動機、川崎重工業、デンソー、アイシン、豊田自動織機
精密機器	オリンパス、テルモ、HOYA、ニコン

業種	代表企業
その他製品	TOPPAN HD、任天堂、大日本印刷、バンダイナムコ HD、アシックス、ヤマハ、コクヨ
電気・ガス業	東京電力 HD、関西電力、中部電力、東北電力、九州電力、中国電力、電源開発、東京瓦斯、大阪瓦斯
陸運業	東日本旅客鉄道、西日本旅客鉄道、東海旅客鉄道、近鉄 GHD、NIPPON EXPRESS HD、ヤマト HD、SG HD
海運業	日本郵船、商船三井、川崎汽船
空運業	ANA HD、日本航空
倉庫・運輸関連業	三井倉庫 HD、三菱倉庫、住友倉庫
情報・通信業	日本電信電話、KDDI、ソフトバンク、NTT データ G、LINE ヤフー
卸売業	三菱商事、伊藤忠商事、三井物産、住友商事、豊田通商、丸紅、双日
小売業	セブン＆アイ HD、※ローソン、イオン、ファーストリテイリング、パン・パシフィック・インターナショナル HD、ヤマダ HD、ニトリ HD
銀行業	三菱 UFJ フィナンシャルグループ、三井住友フィナンシャルグループ、みずほフィナンシャルグループ、ゆうちょ銀行、りそな HD
証券、商品先物取引業	野村 HD、大和証券グループ本社、SBI HD
保険業	東京海上 HD、MS&AD インシュアランスグループ HD、SOMPO HD、第一生命 HD、かんぽ生命保険、T&D HD
その他金融業	日本取引所 G、オリックス、三菱 HC キャピタル、東京センチュリー、芙蓉総合リース、みずほリース、リコーリース、全国保証
不動産業	三井不動産、三菱地所、住友不動産、飯田グループ HD、オープンハウスグループ、東急不動産 HD、野村不動産 HD、ヒューリック
サービス業	日本郵政、リクルート HD、楽天グループ、電通グループ、博報堂 DY HD、セコム、オリエンタルランド

※ 2024 年 7 月に上場廃止予定

33業種のそれぞれの業種において、売上高が高い企業、投資家に知名度が高い企業を180社ほど挙げました。有名な企業が多いため、投資をしている方なら、全部知っているという方も多いでしょう。業界における上位企業の立ち位置は非常に有利で、業界自体が潰れない限り、これらの企業が倒産することは考えにくいです。また業界内でのポジションがネガティブな状態（シェア下落等）がずっと続かない限り、今後も業界上位企業がそのまま上位で居続けられる可能性は高いです。長期投資をするにあたって、こういった業界上位銘柄を選ぶことは一つの考え方です。

業種にはそれぞれ特色があります。どのような切り口で特色を考えるかによって違いますが、分かりやすいのが「景気敏感」と「ディフェンシブ」の切り口です。第1章でも触れましたが、景気敏感銘柄は景気動向によって業績が大きく変動する銘柄のことで、鉄鋼、化学、紙パルプなどの素材産業や工作機械などの設備投資関連の銘柄が当てはまります。反対に景気動向に業績が左右されにくい銘柄が「ディフェンシブ銘柄」です。食品や医薬品などの生活必需品や電力・ガス、鉄道、通信などの社会インフラ関連の銘柄が当てはまります。多角化やグローバル化などで景気敏感かディフェンシブか判断が微妙な銘柄もありますが、自分のポートフォリオにおける景気敏感銘柄とディフェンシブ銘柄の割合はどれくらいか見ておくといいでしょう。銘柄を入力すると、もらえる配当金額や業種ごとの構成比を出してくれるアプリがいくつかありますので、それを活用すると楽です。参考までに、私が考える景気敏感とディフェンシブの分類を載せておきます。

■景気敏感銘柄とディフェンシブ銘柄

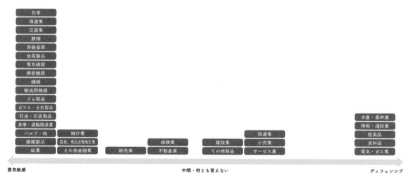

景気敏感銘柄が一概に悪いわけではありません。総合商社のように、増減配はあるも業績に応じてしっかり増配して、株主還元に対する意識を高めてくれる企業であれば問題はありません。

反対に、ディフェンシブ銘柄だらけにすることで、減配リスクを無くせるということもありません。業種ごとにリスクが存在します。例えば、電力・ガス業などのインフラ業界は災害リスクが特に大きく、医薬品業界も新薬開発に失敗すると目も当てられなくなります。

またせっかく業種分散を行ったのに、業種ごとのリスクが似たようなものばかりになってしまっては、不完全な分散になるため、避けるようにしましょう。ただ、株式投資である以上一定のリスクは必ず存在するので、100％リスク要素を取り除くことはできません。特に不況はどの業種であってもダメージはあります。

まとめると、特定の分野に集中しすぎるのはそれなりのリスクがあるため、業種分散をある程度行う方が賢明です。また、必要に応じて地域分散もしたほうがいいでしょう。そのうえで、業績が安定・伸長しており、将来性が有望な企業に投資するための企業分析が重要です。景気敏感銘柄とディフェンシブ銘柄の割合を切り口で考えつつ、業種ごとのリスクを勘案しましょう。どこかに極端に偏っている状態を避けるのが分散の一つのやり方です。

⑤銘柄を選ぼう

最初は好きな銘柄をガンガン選び、あとから自分の理想と合わなさそうな銘柄・わざわざ持つ必要がなさそうな銘柄を削る方法もあ

ります。反対に最初から自分の軸（銘柄数、景気敏感とディフェンシブの
割合、目指す利回り、好む配当金の形など）に沿って厳選していく方法も
あります。自分でやりやすい方法でやってみるのがいいでしょう。こ
れで自分だけの素敵なポートフォリオが出来上がります。自分の考
え方が変わったら、また同じように軸を定め直してポートフォリオ
を組めば問題ありません。ポートフォリオを組むにあたってどんな
銘柄があるのか、参考にできる情報が欲しい方はぜひ巻末付録をご
覧ください。

まとめ

【考え方】

- ☑ ポートフォリオを組む理由は、主に「分散」と「自分の理想像の実現」
- ☑ 分散は様々な方法があり、自分にとって「特に何が怖いのか」をあぶり出し、それに合わせた分散を行うのが一つの方法
- ☑ 「分散＝とにかくたくさん銘柄を持つこと」とは言い切れない
- ☑ 何銘柄持つのが最適な分散になるかは考え方によるが、リスクと銘柄数の関係の側面では、20〜30銘柄程度
- ☑ 自分のポートフォリオにおける景気敏感銘柄とディフェンシブ銘柄の割合＆業種ごとのリスクをチェック

　　景気敏感銘柄だからといって問題があるわけではない

　　ディフェンシブ銘柄も100％安全ではない

業種ごとにもリスクは存在する

☑ **自分の理想像は5つの考え方で大体決めることができる**

想定運用期間

投資に充てられる時間・熱量

自分の性向（高配当型、増配追求型、バランス型）

リスク受容度（株価リスク、配当金リスク）

自分の希望（例：毎月配当を実現したい、資金条件など）

【方法】※あくまでもやり方の一つとして提示

☑ **自分の軸・理想像を決める**

☑ **自分にとって何が怖いのかを考え、分散をどこまで行うか決める**

☑ **銘柄数を決める（最初は20〜30銘柄程度でOK）**

☑ **自分の軸・理想像と分散方針に沿って銘柄をピックアップする**

景気敏感銘柄とディフェンシブ銘柄の割合を切り口で考えつつ、業種ごとのリスクも勘案しながら銘柄を選ぶ

CHAPTER 5

ポートフォリオの
維持保守方法

① 長期投資ならポートフォリオの 維持保守は必須

「配当株投資＝長期投資だから銘柄を買って放置していればよい」、「長期投資なら安全である」、そんなことはありません。投資期間が長くなるほど、途中で暴落などアクシデントに巻き込まれることも多くなります。また世の中の価値観が大きく変わったり、技術革新が起きたりすることも考えられるでしょう。銘柄を買う時点でどんなに全力を注いで銘柄分析をしたとしても、自分が想定していないタイミングで何かが起きる可能性は十分あります。その「何か」がポジティブであればいいのですが、ネガティブな場合もあるでしょう。

　例えば、銘柄を買うタイミングでは十分競争力があった銘柄が競争力を失い、業績が悪化していったとしましょう。それでもこの銘柄を持ち続けるべきでしょうか？自分が保有している間に何も起きないことがベストですが、今のような変化の激しい時代では何が起きるか分かりません。何か起きてから対処しようとすると既に手遅れになっている場合もあるでしょう。逆に、一時的な危機で実は絶好の買い増し時ということも考えられます。そこで、重要になってくるのが1章でも触れた「ポートフォリオの維持保守」です。配当株投資だからといって銘柄を買っておしまいではなく、毎回の決算で銘柄の安全性や将来性、手放すタイミングなどを点検するようにしましょう。ここでは「ポートフォリオの維持保守」とは具体的にどんなことを行うのかを説明していきます。

②決算をチェックしよう

　ポートフォリオの維持保守で最も大事なことです。保有している銘柄が安全か判断するには、毎回の決算をチェックする必要があります。決算のチェックは真剣に取り組む必要がありますが、その分やるべきことは非常に多いです。本書では、最低限行った方がいい3つの決算チェック方法について触れていきたいと思います。最初は大変に感じるかもしれませんが、何回かやればすぐに慣れます。まずは主力銘柄だけでもいいので、理解できる範囲でやっておくことを強くおすすめします。

①決算短信のチェック

　まずは「決算短信」をチェックします。決算短信とは、上場会社が決算を発表する時に作成する決算資料のことで、四半期ごとの経営成績や財政状態などを総合的に開示する資料です。決算「短」信とありますが、実は結構分量があります。全て読み込むのはなかなか大変ですので、まずは先頭のサマリーの数字を確認します。決算短信チェックにおける基本的な考え方は「軽く全体像を把握しておくこと」です。隅々まで確認できれば取れる情報量は格段に違ってきますが、まずはできるところからやっていきましょう。今回は、実際の決算短信（伊藤忠商事）を使って見方を、下記の5パートに分けて説明します。

　①経営成績　　　　④配当状況

　②財政状況　　　　⑤業績予想

　③キャッシュ・フロー

2024年3月期 第3四半期決算短信〔IFRS〕（連結）

上場会社名　　　伊藤忠商事株式会社
コード番号　　　8001　　　URL　https://www.itochu.co.jp/ja/ir/
代表者　　（役職名）代表取締役社長COO　　　（氏名）　石井 敬太
問合せ先責任者　（役職名）IR部長　　　　　　　（氏名）　天野 優　　　TEL:03-3497-7295
四半期報告書提出予定日　　2024年2月14日
配当支払開始予定日　　　　－
四半期決算補足説明資料作成の有無：有
四半期決算説明会開催の有無　　　：有（アナリスト向け）

（百万円未満四捨五入）

1. 2024年3月期第3四半期の連結業績（2023年4月1日～2023年12月31日）

（1）連結経営成績（累計）

（％表示は、対前年同四半期増減率）

	収益		営業利益		税引前四半期利益		四半期利益		当社株主に帰属する四半期純利益		当社株主に帰属する四半期包括利益	
	百万円	％	百万円	％	百万円	％	百万円	％	百万円	％	百万円	％
2024年3月期第3四半期	10,451,061	△0.9	539,082	△6.1	849,837	△8.1	654,050	△9.1	611,693	△10.3	644,858	12.4
2023年3月期第3四半期	10,544,219	16.0	574,395	23.6	924,548	△3.4	719,653	△1.5	682,229	0.5	751,496	△1.1

	基本的1株当たり当社株主に帰属する四半期純利益	希薄化後1株当たり当社株主に帰属する四半期純利益
	円銭	円銭
2024年3月期第3四半期	421.06	－
2023年3月期第3四半期	464.66	－

（参考）1. 持分法による投資損益　2024年3月期第3四半期　229,560百万円（△13.2%）　2023年3月期第3四半期　264,425百万円（13.9%）
　　　　2. 四半期包括利益　　　　2024年3月期第3四半期　908,902百万円（15.6%）　2023年3月期第3四半期　786,238百万円（△3.0%）

（2）連結財政状態

	総資産	資本合計	株主資本	株主資本比率	1株当たり株主資本
	百万円	百万円	百万円	％	円銭
2024年3月期第3四半期	14,359,582	5,669,669	5,110,907	35.6	3,537.10
2023年3月期	13,115,400	5,467,375	4,823,259	36.8	3,314.35

（3）連結キャッシュ・フローの状況

	営業活動によるキャッシュ・フロー	投資活動によるキャッシュ・フロー	財務活動によるキャッシュ・フロー	現金及び現金同等物四半期末残高
	百万円	百万円	百万円	百万円
2024年3月期第3四半期	626,294	△154,280	△512,853	578,136
2023年3月期第3四半期	636,219	△437,081	△289,079	531,348

2. 配当の状況

	年間配当金				
	第1四半期末	第2四半期末	第3四半期末	期末	合計
	円銭	円銭	円銭	円銭	円銭
2023年3月期	－	65.00	－	75.00	140.00
2024年3月期	－	80.00	－		
2024年3月期（予想）				80.00	160.00

（注）直近に公表されている配当予想からの修正の有無：無

3. 2024年3月期の連結業績予想（2023年4月1日～2024年3月31日）

（％表示は、対前期増減率）

	当社株主に帰属する当期純利益		基本的1株当たり当社株主に帰属する当期純利益
	百万円	％	円銭
通期	800,000	△0.1	551.90

（注）直近に公表されている業績予想からの修正の有無：無

経営成績

財政状況

キャッシュ・フロー

配当状況

業績予想

■経営成績

1. 2024年3月期第3四半期の連結業績（2023年4月1日〜2023年12月31日）
(1) 連結経営成績（累計）　　　　　　　　　　　　　　　　　　　　　　　　　　　　　　　（％表示は、対前年同四半期増減率）

	収益		営業利益		税引前四半期利益		四半期純利益		当社株主に帰属する四半期純利益		当社株主に帰属する四半期包括利益	
	百万円	%	百万円	%	百万円	%	百万円	%	百万円	%	百万円	%
2024年3月期第3四半期	10,451,061	△0.9	539,082	△6.1	849,837	△8.1	654,050	△9.1	611,693	△10.3	844,858	12.4
2023年3月期第3四半期	10,544,219	16.0	574,395	23.6	924,548	3.4	719,653	△1.5	682,229	0.5	751,496	△1.1

	基本的1株当たり当社株主に帰属する四半期純利益	希薄化後1株当たり当社株主に帰属する四半期純利益
	円 銭	円 銭
2024年3月期第3四半期	421.06	―
2023年3月期第3四半期	464.66	―

（参考）1. 持分法による投資損益　2024年3月期第3四半期　229,560百万円（△13.2%）　2023年3月期第3四半期　264,425百万円（ 13.9%）
　　　　2. 四半期包括利益　　　　2024年3月期第3四半期　908,902百万円（ 15.6%）　2023年3月期第3四半期　786,236百万円（△3.0%）

（出典）伊藤忠商事　2024年3月期 第3四半期決算短信

　まず経営成績を見ていきましょう。様々な種類の利益があります。各種利益の考え方については、以下の図をご覧ください。

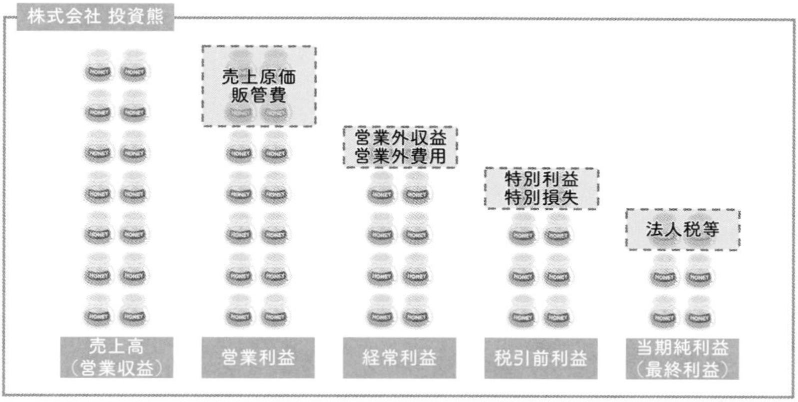

ポートフォリオの維持保守方法

　理想はいずれも前年同期比で伸びていることです。どこを切り取っても業績が成長していると言えるので、非常に良い状態です。伊藤忠商事の場合は残念ながら今期は減収減益です。色んな利益があって覚えきれないという方は、次の3つの数字だけでも確認して

おきましょう。

①収益（売上高や営業収益と表記されることも）

②営業利益（本業で稼いだ利益）

③当期純利益（諸々引いて最終的に企業の手元に残る利益。当期利益、四半期利益、最終利益と表記されることも）

　この3つの数字を前年同期比と比べることで、全体像は概ね把握できます。もちろん表面的な数字のため、しっかりと中身を見ないと実態を掴むことはできませんが、まずは良し悪しを判断できるようになりましょう。

　また可能であれば、営業利益率もチェックしておきましょう。営業利益を収益で割ると、営業利益率が出ます。これも前年同期比と比べておくと良いでしょう。

■財政状況

(2) 連結財政状態

	総 資 産	資本合計	株主資本	株主資本比率	1株当たり株主資本
	百万円	百万円	百万円	%	円 銭
2024年3月期第3四半期	14,359,582	5,669,669	5,110,907	35.6	3,537.10
2023年3月期	13,115,400	5,467,375	4,823,259	36.8	3,314.35

（出典）伊藤忠商事　2024年3月期 第3四半期決算短信

　次に財政状況です。企業によって記載する項目が違うこともありますが、ポイントとしては、資産や資本が大きく減っていれば要注意です。特に資本は総資産から負債を引いたものになりますので、これが減っていたら企業に何かしら問題が生じている可能性があります。大幅に業績が悪化したり、連続で赤字を出しりした企業の場合、決算短信を隅々まで読んで、負債額もチェックしておいた方がいいでしょう。この例の伊藤忠商事の場合は、特段問題はなさそうです。

また一般的には、株主資本比率が高い方が財務の健全性が高いとされています。

■キャッシュ・フロー

(3) 連結キャッシュ・フローの状況

	営業活動による キャッシュ・フロー	投資活動による キャッシュ・フロー	財務活動による キャッシュ・フロー	現金及び現金同等物 四半期末残高
	百万円	百万円	百万円	百万円
2024年3月期第3四半期	626,284	△154,280	△512,853	578,136
2023年3月期第3四半期	636,219	△437,081	△289,079	531,348

（出典）伊藤忠商事　2024年3月期 第3四半期決算短信

　次にキャッシュ・フローです。まずは「営業活動によるキャッシュ・フロー」と「現金及び現金同等物」を確認しましょう。考え方は、第2章「連結キャッシュ・フローと現金」で触れたとおりです。

■配当状況

2. 配当の状況

	年間配当金				
	第1四半期末	第2四半期末	第3四半期末	期末	合計
	円 銭	円 銭	円 銭	円 銭	円 銭
2023年3月期	—	65.00	—	75.00	140.00
2024年3月期	—	80.00	—		
2024年3月期（予想）				80.00	160.00

(注)直近に公表されている配当予想からの修正の有無：無

（出典）伊藤忠商事　2024年3月期 第3四半期決算短信

　ここは配当株投資家が一番楽しみにしているところでしょう。減配か維持か増配か確認しましょう。以前の発表（直近の決算やプレスリリースなど）と比べて修正がある場合、修正の有無が「有」になりますので、具体的にどう変わったか確認しておきましょう。

　参考までに、修正がある場合（JR東日本）の例をご覧ください。

ポートフォリオの維持保守方法

2. 配当の状況

	年間配当金				
	第1四半期末	第2四半期末	第3四半期末	期末	合計
	円 銭	円 銭	円 銭	円 銭	円 銭
2023年3月期	—	50.00	—	50.00	100.00
2024年3月期	—	55.00			
2024年3月期(予想)				70.00	125.00

(注1) 直近に公表されている配当予想からの修正の有無：有
(注2) 配当予想の修正につきましては、2024年1月31日公表の「通期業績予想および配当予想の修正に関するお知らせ」をご参照
ください。

（出典）東日本旅客鉄道株式会社　2024年3月期 第3四半期決算短信

2　2024年3月期通期配当予想の修正（2023年4月1日〜2024年3月31日）
（1）2024年3月期期末配当予想の修正

	年間配当金		
	第2四半期末	期　末	合　計
前　回　予　想	55 円	55 円	110 円
今　回　修　正　予　想	—	70 円	125 円
当　期　実　績	55 円	—	—
前　期　実　績（2023年3月期）	50 円	50 円	100 円

（2）配当予想の修正理由
　当社は、事業基盤の維持および持続的な成長のために必要な株主資本の水準を保持するとともに、業績
の動向を踏まえた安定的な配当の実施および柔軟な自己株式の取得により、株主還元を着実に充実させ
ることを資本政策の基本方針としております。
　2024年3月期の1株当たり配当予想については、今回の連結業績予想の修正により親会社株主に帰属
する当期純利益の増額が見込まれることから、中長期的な目標として掲げている配当性向30%を踏まえ、
表のとおり、予想を修正いたします。

（出典）東日本旅客鉄道株式会社　通期業績予想および配当予想の修正に関するお知らせ

■業績予想

　JR東日本の場合、以前の配当予想から増配（110円→125円）になっ
ています。

3. 2024年3月期の連結業績予想（2023年4月1日〜2024年3月31日）

（％表示は、対前期増減率）

	当社株主に帰属する 当期純利益		基本的1株当たり当社株主 に帰属する当期純利益
	百万円	％	円 銭
通期	800,000	△0.1	551.90

（注）直近に公表されている業績予想からの修正の有無 ： 無

（出典）伊藤忠商事　2024年3月期 第3四半期決算短信

　最後に業績予想のチェックです。前期と比べて業績の予想をどう
置いたか（強い・維持・弱い）を確認しましょう。1つ前で配当予想額
を確認しているので、配当性向を計算しておくとより良いです。伊藤
忠商事の場合、業績予想や配当予想が変わらない場合、配当性向は約
29％となります。これは安心できる水準です。

②決算説明資料のチェック

　会社の個性が大きく表れる資料です。決算説明資料は決算短信と
比べてビジュアル的に優れていて読みやすいです。これを丁寧に読
んでおくだけでも、銘柄に対する理解度が格段に上がります。決算短
信で表面的な情報をさっとチェックし、決算説明資料で中身まで踏
み込んで決算をしっかり把握するような使い分けをするとやりやす
いでしょう。決算説明資料チェックにおける基本的な考え方は「業
績を構成する要素を一つずつ確認し、変動要因を探ること」と「今
後につながる材料を探すこと」です。ポイントは以下3つになりま
す。

☑ 全体像の再確認

☑ 業績を構成する要素と変動要因の確認

☑ 業績予想や事業環境に関連する材料の探索

■全体像の再確認

（出典）伊藤忠商事　2023年度 第3四半期 決算説明資料

　決算短信で大体確認はできていますが、決算説明資料でも発表された業績の全体像について再確認しておきましょう。大体先頭ページにサマリーが付いているので、それを再度見ておけば問題ないです。

■業績を構成する要素と変動要因の確認

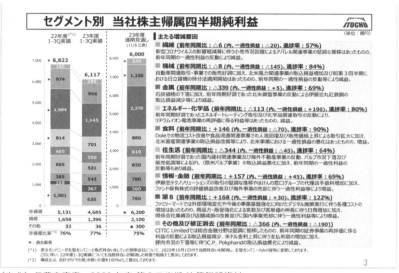

（出典）伊藤忠商事　2023年度 第3四半期 決算説明資料

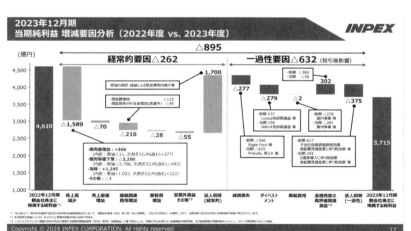

（出典）株式会社 INPEX　2023年12月期 決算説明会資料

CHAPTER
5

ポートフォリオの維持保守方法

159

中国・トラベルリテール減速の影響が多くのブランドにおよぶ中、
「NARS」、「Drunk Elephant」、フレグランスブランドは力強く成長

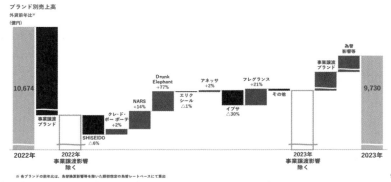

（出典）株式会社 資生堂　2023年実績（1-12月）および2024年見通し

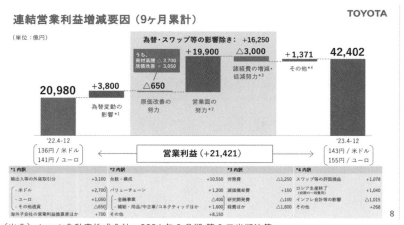

（出典）トヨタ自動車株式会社　2024年3月期 第3四半期決算

　業績を構成する要素とその変動要因ですが、企業によって様々な
切り口で発表しています。事業領域が広い企業は、セグメントごとに
数字を出してくれる企業が多いです。事業領域が特定分野に特化し
ている場合は、変動要因ごとに出す企業（INPEXなど）もあります。ま

た様々なブランドを抱えている企業の場合（資生堂など）は、ブランドごとに出してくれることもあります。

　ポイントは「どこが良かったか（プラス影響が大きい要素は何か）/悪かったか（マイナス影響が大きい要素は何か）」、「業績に対するインパクトはどれくらいか」、これらが分かればひとまず問題ありません。その確認したポイントを覚えておき、次回以降の決算時にどうなっているかまで確認できればより良いでしょう。次回以降の決算でも強みが維持できている、もしくは課題だった部分が改善されていれば、望ましいです。強みがさらに伸びていれば理想的でしょう。しかし、業績へのインパクト度合いにもよりますが、弱みを克服できていない場合は望ましくありません。また表面的な数値は良くても、中身を見ると実は販売数量が伸びているわけではないパターンもあります。たとえば為替の影響や、値上げ効果でよく見えているだけというケースです。いずれにせよ業績が良くなれば問題はありませんが、為替は企業がコントロールできる要素があまりなく、値上げもよほど商品が強くない限りは限界があります。上記例のトヨタ自動車の場合、為替で上振れている分もありますが、「営業面での努力」が相当業績に寄与していることが分かります。このように、全体の数字（表面的な数字）を前と比べることは当然ですが、中身の良し悪しを具体的に把握することは、より重要です。

■業績予想や事業環境に関連する材料の探索

　業績予想や今後の事業環境について触れている場合は、必ずチェックしておきましょう。例えば、「進出している国の経済状況が良くないため、事業環境は厳しいことが想定される」、「お客様の好みの傾向が変わりつつあり、苦戦が予想される」。このような形で事

業環境について企業がコメントを出す場合があるので、チェックしておきましょう。

　さらに余力があれば、右図のような「前提条件」は見ておいて損はありません。特に、グローバルで幅広く事業を展開している企業に関しては、為替条件を見ておくといいでしょう。企業が前提としているレートと比べ、為替が有利な局面が多いとその分業績にもポジティブな影響が期待できます。当然それが配当にもつながってくる可能性があります。例えば、伊藤忠商事の場合、日本円/米ドルの為替前提を140円に設定しており、1円動くごとに業績に対して8億円のインパクトがあります。INPEXは1円動くごとに業績に対して24億円のインパクトがあります。この前提条件は修正される場合もありますので、毎回チェックしておきたいところです。為替以外にも原料の価格などが触れられている場合もありますので、そちらも可能なら確認しておきましょう。

前提条件 ITOCHU

		22年度 1-3Q実績	23年度 1-3Q実績	23年度 見通し (11/6公表)	(参考) 市況変動が23年度4Qの当社株主帰属当期純利益に与えるインパクト	
為替 (円 / US$)	期中平均レート	135.08	142.09	140	1円の為替変動	約±8億円 (*1)
	期末レート	133.53 (23/3)	141.83 (23/12)	140		–
金利 (%)	TIBOR 3M（円）	0.06%	0.07%	0.1%	0.1%の金利変動	約±2億円 (*3)
	LIBOR 3M（ドル）(*2)	3.04%	–	–		–
	SOFR 3M（ドル）(*2)	–	5.29%	5.5%		約±1億円 (*3)
原油（ブレント）価格（US$/BBL）		99.35	82.18	84		±0.3億円 (*6)
鉄鉱石（中国着）価格（US$/㌧）		115 (*4)	117 (*4)	N.A. (*5)		±2.1億円 (*6)

(*1) 23年4Q平均レートが円安（増益）/円高（減益）となった場合の影響額を記載しております。
(*2) 23年6月にLIBORの公表が停止されたため、米ドル指標金利をターム物SOFRに変更しております。
(*3) 受取利息・支払利息の増減に加え、金利変動が取引価格に与える影響額等を含みます。
(*4) 22年度1-3Q実績、23年度1-3Q実績の鉄鉱石価格は、市場情報に基づく一般的な取引価格として当社が認識している価格を記載しております。
(*5) 23年度見通しの鉄鉱石価格は、市場情報に基づく一般的な取引価格等を勘案して価格を前提としておりますが、
      実際の価格は鉱種及び顧客との個別交渉事項となるため、開示を控えております。
(*6) インパクトは、販売数量、為替、生産コスト等により変動いたします。

8

（出典）伊藤忠商事　2023年度 第3四半期 決算説明資料

原油価格・為替レートのセンシティビティ INPEX

油価・為替変動の2024年12月期 親会社の所有者に帰属する当期利益に与える影響額*1

油価1ドル上昇（下落）した場合*2	期初時点：+60億円（△60億円） 以下の通り、期中に変化します。 第2四半期初時点：+41億円（△41億円） 第3四半期初時点：+22億円（△22億円） 第4四半期初時点：+9億円（△9億円）
為替（円/US$）1円 円安（円高）になった場合*3	+24億円（△24億円）

*1 原油価格（Brent）の期中平均価格が1ドル上昇（下落）した場合、為替が1円円安（円高）になった場合の、期初（2024年1月）時点における2024年12月期の当期利益に対する影響額を
   試算したものです。当年度期初時点における計数値を基に試算したものであり、あくまでも参考値であること、また影響額は、生産量、投資額、コスト回収額などの変動により変わる可能性があり、加えて
   油価及び為替の水準により、常に同じ影響額になるとは限らないことにご留意ください。

*2 油価変動が当期利益に与える影響額であり、原油価格（Brent）期中平均価格の影響を受けます。尚、ガス販売に適用される油価については遅効性があることを考慮し、下記の通り、センシティビティの
   四半期内訳を、試算しております。
   ■ 第1四半期期初時点：+60億円（第1四半期：+10億円、第2四半期：+13億円、第3四半期：+19億円、第4四半期：+18億円）
   ■ 第2四半期期初時点：+41億円（第1四半期：－－－　、第2四半期：+10億円、第3四半期：+13億円、第4四半期：+18億円）
   ■ 第3四半期期初時点：+22億円（第1四半期：－－－　、第2四半期：－－－　、第3四半期：+10億円、第4四半期：+12億円）
   ■ 第4四半期期初時点：+9億円（第1四半期：－－－　、第2四半期：－－－　、第3四半期：－－－　、第4四半期：+9億円）

*3 為替変動が当期利益に与える影響額であり、期中平均為替レートの影響を受けます。尚、外貨建て資産と外貨建て負債の差から発生する為替評価損益に係るセンシティビティ（前期末と当期末の期末
   為替レートの差の影響）は、ほぼ中立化しております。

21

（出典）株式会社 INPEX　2023年12月期 決算説明会資料

③チェックした決算を簡潔にまとめる&記録する

　基本的にポートフォリオを組む際は、複数銘柄、場合によっては数十銘柄を保有するので、チェックした決算を頭の中に入れておくのはなかなか難しいです。そこで、何かあった時にすぐに参照でき、次回以降の決算をより多面的に分析できるようにするために、チェックした決算を簡潔にまとめて記録しておくと非常に役に立ちます。私の場合、今回例として取り上げた伊藤忠商事はこんなメモを残しています。

■伊藤忠商事　決算メモ
【2024年3月期 第3四半期決算】
・減収減益
　→売上高0.9％減、営業利益6.1％減、最終利益10.3％減
　→金属と住生活セグメントの減少が目立つ
　→第8カンパニー（ファミリーマート）が健闘中（伸長！）
・2024年3月期の連結業績予想＝8,000億円
　→実現できれば3期連続で8,000億円達成へ（すごい）
・営業キャッシュ・フロー：減少（1.5％くらい）
・増配予定（前期；140円→今期：160円予定）
★追記（4/3）：新しい経営計画発表。力強い方針でGood！

　ここまで書かなくても、全体像だけ簡潔に書いたり、自分の評価を簡潔に記しておくだけでも良いでしょう。これだけでもやっておくことで、メモを振り返って、「減収減益」というワードばかり出たり、課題が改善されたりしていないのであれば、銘柄をどうするか考え直すきっかけになります。何か起きてから判断すると遅くなる可能性もありますので、こうやってデータを蓄積しておくだけでも何かと役に立つでしょう。

④経営計画のチェック

　決算をチェックすることも重要ですが、企業が今後どう歩んでいくのか知ることも同じくらい重要です。この経営計画の内容次第では、世間から大きな注目を浴び、発表後に株価が大きく変動することもあります。経営計画は公表する企業としない企業がありますが一般的に知名度の高い銘柄は、経営計画を開示する傾向にあります。また、この経営計画の期間は企業によって異なり、数年単位で出す企業もあれば、一年単位で出す企業もあります。普段から経営計画に目を通しておき、その内容が決算の時に実現されているか確認してみましょう。また新しい経営計画が出た場合も必ずチェックするようにしておきましょう。経営計画のチェックポイントは下記の4つです。

☑ 経営の方向性

☑ 業績目標

☑ 株主還元

☑ 成長計画

　最近発表された伊藤忠商事の経営計画がかなり話題になりましたので、それを例にチェックポイントを説明します。経営計画の発表後、同社の株価の上昇が見られました。

ポートフォリオの維持保守方法

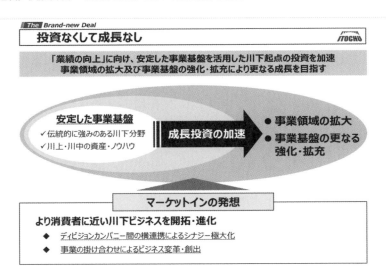

経営方針 − The Brand-new Deal

ITOCHU

～ 利は川下にあり ～

営業から管理部門に至る全社員が常にマーケティング力を磨き

創業以来160年超にわたって築き上げてきた川上・川中における資産・ノウハウを駆使し

より消費者に近い川下ビジネスを開拓・進化させ

企業価値の持続的向上を目指す

業績の向上	投資なくして成長なし
企業ブランド価値の向上	定性面の磨き
株主還元	総還元性向40%以上 配当性向30%、または、1株当たり配当200円のいずれか高い方

2

（出典）伊藤忠商事　経営方針及び 2024 年度経営計画説明会

投資なくして成長なし

ITOCHU

「業績の向上」に向け、安定した事業基盤を活用した川下起点の投資を加速
事業領域の拡大及び事業基盤の強化・拡充により更なる成長を目指す

安定した事業基盤
✓伝統的に強みのある川下分野
✓川上・川中の資産・ノウハウ

成長投資の加速

● 事業領域の拡大
● 事業基盤の更なる強化・拡充

マーケットインの発想

より消費者に近い川下ビジネスを開拓・進化
◆ ディビジョンカンパニー間の横連携によるシナジー極大化
◆ 事業の掛け合わせによるビジネス変革・創出

3

（出典）伊藤忠商事　経営方針及び 2024 年度経営計画説明会

まず経営の方向性です。チェックポイントは「どれくらい力強さを感じられるか」です。抽象的な表現ではありますが、まずは全体の方向性として、企業が更なる成長（業績や還元など）に向けてどれくらい強い意志を持っているかを把握しましょう。伊藤忠商事の場合、特に業績の向上として「投資なくして成長なし」という強いワードを出しており、株主還元も具体的な目標を示しています。

（出典）伊藤忠商事　経営方針及び2024年度経営計画説明会

次に業績目標です。企業によって目標にしている項目は様々あります。売上高、利益、ROE、重点セグメントの成長、コア部分の成長など多岐にわたっています。チェックポイントは「具体的な数値が出ているか＆過去水準と比べてどうか」です。伊藤忠商事の場合、利益もROEも過去水準と比べると、前向きで強い目標になっています。

（出典）伊藤忠商事　経営方針及び 2024 年度経営計画説明会

　次は株主還元です。チェックポイントは業績目標と同様です。伊藤忠商事の場合、株主還元方針が具体的で、一目で見てもポジティブであることが分かります。もちろん計画ですので、いくらでも変更はあり得ますが、計画通りの場合はかなりの増配を享受することができます。配当株投資をする人にとっては非常に期待が持てるものになっています。

　次は成長計画を確認します。企業によって様々な計画を出しています。強化するテーマ、目標とする投資額、注力セグメントや商品、進出する市場、事業ポートフォリオの整理や再編など多岐にわたります。チェックポイントは「具体的であるかと力強さは感じられるか」です。伊藤忠商事の場合、1兆円を上限に「川下起点の投資を強化」とあります。特に1兆円という金額はインパクトが大きいです。

③シナリオを点検し、
保有銘柄をどうするか分類しよう

　決算をチェックできたら、自分のシナリオを点検し、保有銘柄をどうするか分類しておきましょう。まずは、自分がその銘柄に期待するポイントが何かを改めて思い出し、決算を見てその期待に応えられているか、今後は大丈夫そうか判断します。例えば、足元の業績に問題はなく、将来も期待できそうな銘柄は保有を続けるか期待度次第では買い増すという選択が取れます。逆に足元の業績が悪かったり、将来に期待ができない銘柄は売却（一部/全部）という選択になるでしょう。このように決算をチェックし、自分が保有している銘柄を保有し続けるのか、買い増すのか、売却するのか判断する必要があります。判断ができたら、自分のポートフォリオの中で、それぞれの銘柄の位置づけを明確にしておきましょう。もちろん次の決算までに新たな判断材料が出れば、判断をアップデートする形です。決算チェック後の銘柄分類のやり方（評価軸）は様々ありますが、参考までに私が実際に採用している判断軸をご紹介します。大きく分けると5軸あり、さらにそれを細分化すると8軸になっています。

☑ 買い増し（今すぐ or 暴落/一時的な下落時）

　決算良好、今後も期待できる、割安といった魅力的な要素の銘柄なら積極的に買い増しをしていきます。ある程度数量を保有していたり、割安ではないものの魅力的な銘柄は、暴落時や一時的な下落時に買い増すようにしています。

☑ ホールド

決算が無難、今後も問題はなさそうな銘柄については、基本ホールドです。買い増しや売却は特段考えません。ある程度成果が出たらマイルールに則った利確を行います。

☑ 利確（一部 or 全部）

業績のピークが見えてきたり、自身が想定していた利益や配当金が取れたり、より魅力的な銘柄を見つけた場合は利確をしていきます。

☑ 損切（一部 or 全部）

業績に対して致命的なニュースや事象が発生した時や、業績が好転する兆しが見えない時、自身が当初描いたシナリオと大きく乖離してきた場合は損切を行います。こうした銘柄は株価が大きく下落することが多く、できる限り傷を浅くするために、様子を見ながら徐々に損切をする場合もあります。

☑ 要注意

ただちに売買するわけではありませんが、しばらく様子をみる時にはこの判断をしています。業績が悪化しつつある銘柄に対しては、対応を見守る意味でもしばらく様子を見る必要があります。逆に極端に良好な場合も、バブルか実力か見極めるためにもこの判断をする時があります。

こうして決算をチェックして銘柄の分類をしておくと、有事の際にすぐに動け、迷うことも少なくなります。私自身コロナショックの際に、この分類をしっかりやっておいたおかげで、迷わず自分にとってのいい銘柄を買い増すことができました。

④配当株投資における利確について

「配当株投資だから保有銘柄は売らない、売ってはいけない」という先入観にとらわれるケースが多いように感じます。中には「鬼ホールド」や「握力」という言葉を使って、銘柄を永久に保有すべきという主張も目にします。私にとってはあまり賛同できない考え方です。配当株は売らない、売ってはいけないという考え方は、前提を間違えると極めて危ないためです。株価リスクや配当金リスクがない状態であれば、売らないのが正解です。ただ、現実的にそのような銘柄は存在せず、株価も配当金も減るような悪い銘柄は切るのが合理的です。

配当株の利確について拒否感を示す方は多くいるでしょう。いかなる理由であれ、保有銘柄を売ってしまうと配当金が入らなくなるからです。これはその通りですが、利確といっても0か100かの話で捉える必要はなく、一部利確という考え方もあります。状況によって柔軟に考えればいい話です。

利確の判断軸は色々ありますが、例えば、銘柄を安く仕込むことができ、ある程度利益も出ているのであれば、各種指標の割高感、業績、配当に対する期待感を勘案して、利確するか判断するのも一つの方法でしょう。加えて、大きな判断軸になるのが自分の想定運用期間です。自分が持っている銘柄の利益が十分出ており、想定運用期間分の配当金を賄えるレベルに達していれば、利確を考えても良いでしょう。利益が乗っている銘柄を売ればその分の利益が「確実に」手に入ります。こうした選択肢を先入観に囚われて最初から排除するの

は、適切とはいえません。その銘柄の今後の期待値も勘案して考えるのが、より良い選択です。固定観念にとらわれず、柔軟に考えましょう。

　参考までに、私—投資熊は大きく2軸で利確を行っています。

　一つ目が「機械的利確」です。これは機械的に含み益があるラインに到達したら、一部利確する手法です。私は分かりやすいように「株価が倍になるごとに」機械的に一部利確するようにしています。株価が2倍になったら一部利確、同じく3倍になったら一部利確、といった形です。株価が倍になれば利確をすることで相当額の配当金を先取りできるからという考え方です。

　二つ目が「期待度を考慮した利確」です。毎回の決算や業界の将来性、業界でのポジション等、様々なポイントを検討したうえで、その銘柄に対してどれくらい期待が持てるのかを判断し、利確するか決めています。業績に問題がなく将来像も期待できそうな銘柄は機械的利確を除き、利確はしません。現時点では悪くはないものの将来に期待ができない銘柄は徐々に利確を始めます。

　また、この2軸を複合的に使う場合もあります。機械的利確を進める際、期待度次第で利確する量を調整しています。例えば株価が2倍になった銘柄が出てきた場合、改めて第2章でやったような企業分析を行い、引き続き期待ができそうなら売却量を調整します。一方で、期待ができなさそうな銘柄は思い切って半分を売却することもあります。このように自分の投資軸、利確することで確保できる利益、銘柄に対する期待度、を総合的に考慮して利確を進めれば、必ずしも利確は拒否感を持つようなものではないでしょう。

まとめ

☑ **ポートフォリオの維持保守とは、健全な配当株投資を続けるために自身の保有銘柄を点検すること**

　何が起きるか分からないので、都度点検を行って銘柄の安全確認をすることが肝要

☑ **決算短信チェックの基本的な考え方**

　軽く全体像を把握しておくこと

☑ **決算説明資料チェックの基本的な考え方**

　業績を構成する要素を一つずつ確認し変動要因を探ること

　今後につながる材料を探すこと

☑ **決算説明資料は、表面的な数字だけ見ていれば分からないような事象も把握できるので、丁寧に読んでおくべし**

☑ **経営計画をチェックするときのポイント**

　経営の方向性…どれくらい力強さを感じられるか

　業績目標…具体的な数値は出ているか&過去水準と比べてどうか

　株主還元…具体的な数値は出ているか&過去水準と比べてどうか

　成長計画…具体的か&力強さは感じられるか

☑ **決算をチェックしたら簡潔にまとめて記録し、「銘柄をどうするか」自分の中で分類をしておく**

☑ **利確は自分の軸と銘柄に対する期待度次第では進めてもOK**

CHAPTER 6

自分自身の維持保守
方法（メンタル面）

①長期投資ならポートフォリオに加えて、自分自身の維持保守も必須

　配当株投資は基本的には長期投資になります。短くても数年、長ければ数十年、投資と向き合うことになります。銘柄を選ぶ力や様々な知識も投資において非常に重要ですが、実は「メンタル」も同じくらい重要です。相場の状況は刻一刻と変化しています。加えて、精緻な予測も非常に難しく、大抵の場合は何か起きてから自分の中で咀嚼して判断することが多いでしょう。投資の世界は、不確実性に満ちた暗闇の中を歩むようなものです。様々なお化け（リスク）に出くわす可能性があります。この「お化け」にできる限り遭わないようにする、遭っても冷静に対処するために、銘柄を選ぶ力に加えてメンタルも鍛えておく必要性があります。メンタルと言うと抽象的で捉えにくいですが、そのメンタルを支えるものは実は色んな要素があります。いわゆる「鋼のメンタル」を装備して、冷静に投資に対して向き合えるようになるには、どんなことを意識して、何をどう準備すればよいか、本章で触れていきます。メンタルの問題は個人差が大きいため一概に述べることはできません。これからご紹介する考え方は投資熊としての考え方ですが、うまく取捨選択してご活用ください。

②メンタルは負けている時だけではなく、勝っているときも管理が必要

投資で「メンタル管理」と言われると、真っ先に「損失が出ている時にも冷静を保てるように」と思われがちですが、実は勝っているときにもメンタルの管理は必要です。当たり前ですが負けている時は、大きく含み損が出ていたり、自身が思ったのとかなり違う局面になっていたりします。つまり何かしらネガティブな状況に陥っているということです。そうした時に、現在直面しているネガティブ要素は果たして一時的なものなのか、方向修正をすべきものなのか、これをしっかり判断する必要があります。SNSで株の話をする人も多いので、そうした人達に流されないようにすることも大事でしょう。勝っているときも同じで、いわゆる「煽り」に流されず、今のポジティブ要素が一時的なものか、裏付けの伴っていないただのバブルなのか、裏付けがしっかり伴った成長の果実なのか、しっかり判断をする必要があります。「儲かっているんだから問題ない」と思われるかもしれませんが、メンタルを整えて冷静に判断できれば、本来手放さなくてもいい銘柄を手放して機会損失といった失敗は最小限に抑えることができます。

③経験があるとないとでは違うので、焦りすぎないこと

投資における経験の有無は大きく違うと思います。私も最初は何

となくの雰囲気で銘柄を選んだり、有名人・インフルエンサーの情報に振り回されたりしていました。しかし、経験を積むことによって、どんな指標を見ればいいのか、さまざまな指標をどう組み合わせ判断すべきかという自分なりの方法論を作り上げることができました。もちろんまだまだ先は長いため、常に自己研鑽は怠らないように意識していますが、最初から完璧な判断をするのは無理と思っていた方がやりやすいでしょう。大切なのは、失敗しても「経験不足を言い訳にしてごまかしてしまわず、しっかりと振り返ること」です。配当株投資はアクティブ投資です。自分でコントロールする必要があります。自分であれこれ判断できるようになるために、しっかり銘柄をリサーチする、相場全体の動きを見る、こういった経験を積む必要があるので、最初から焦りすぎずにマイペースでいきましょう。

④過去の動きを徹底的に調べて、
今後の「想定」をしておくこと

　第2章で銘柄の選び方についていくつかポイントを説明しましたが、最低でも直近10〜15年の動きを確認しておく理由がここにあります。過去は未来を保障しませんが、過去の動きを調べておくことで、少なくとも同じような局面が来たときには対処ができること、過去の動きからある程度想定が可能であること、この二つが大きなポイントです。例えば景気敏感銘柄を何も知らずに握っているのと、徹底的に調べて握っているのではまるで違います。景気敏感銘柄は株価や配当金が景気に連動する傾向が強いため、何も調べずに保有していると株価下落＆減配に直面し、焦って損切して損失を出してし

まうことは大いに考えられます。逆にしっかりと過去の動きを調べて、景気敏感銘柄であること、株価や配当金が景気に連動する傾向であること、弱い局面ではどれくらいまでの下落を覚悟すべきかを考えて、今後もその動きが続く可能性が高いと判断していれば、焦ることなく判断ができるでしょう。しっかりと調べたか、考えたかがメンタルにも影響するのは事実です。第3章で紹介したように、わざわざチェックシートを作って一つ一つ入念に調べるのは、「この銘柄についてはそれなりに詳しい」と言えるくらい銘柄のことを知ることで、冷静な投資判断を下せるのと同時に、保有期間において安心感をためのものでもあります。

⑤自分が耐えられる量の ポジションを取ること（欲張らない）

　私が大事にしている考え方です。「欲張らないこと」を覚えてから、私は投資手法を変えてパフォーマンスが安定するようになってきたと感じています。冒頭の方にも書きましたが、私が過去7回大失敗をした原因の一つが欲張ったことです。私は、欲張る＝自身の限界スレスレ・限界以上の手法やポジション量を取ることだと考えています。特にポジション量はダイレクトにメンタルに影響します。冷静な判断をせず、自身の願望だけが色濃く染まった、限界を試すようなポジション量を取っている場合、少しの動きでも気になってしまい、メンタルが不安定になるでしょう。これ自体がストレスなのは言うまでもありません。パフォーマンスにも悪影響を及ぼします。

　結果論的な話にはなりますが、握り続けていれば大きく利益を得

られることができた銘柄でも、ポジション量が多すぎると握り切れずに途中で利確してしまい、少し後悔することもあります。もちろん儲けるために投資をしているので、儲けることができれば何の問題もありません。「頭と尻尾はくれてやれ」という相場格言があるように、理想を目指して失敗するよりはしっかり取れる分を取るのはむしろいいことです。しかし、ポジション量のせいで、自身が納得できる判断の前に、ポジション整理を強いられるようなことは避けた方がいいでしょう。損失の時も同様に一時的な悪材料の見極めができずに、損切を強いられることも十分に考えられます。投資のプロでも外すことはあるので、自分が当初立てたシナリオがずれることも多々あるでしょう。その際にポジション量がキャパオーバーしている状態だと、「少し様子を見る」といった選択肢を取る余裕すらないことも考えられます。ポジション量が多すぎると、よほど自信がない限り目先の値動きに敏感にならざるを得ません。迅速な利確や損切は間違いなくいいことですが、自分が主体的に判断をするのではなく、ポジション量のせいで耐えられずに利確や損切をしていると振り回されている感じがあります。確信があれば話は別ですが、「腹八分目」という言葉があるように、「ポジション八分目」くらいでもいいかもしれません。

⑥迷ったら本質に立ち返ってみる

　　私が投資において一番大事にしている考え方です。世の中には様々な情報が満ち溢れていますし、色々と試行錯誤を重ねている方

も多いと思います。あれこれやっていると、ポートフォリオが乱雑になったり、特に理由もなく銘柄を売り買いしたりして、結局何がしたいのかと問いたくなるような状況に陥ってしまうことも多々発生します。迷っている状態や悩んでいる状態自体は、悪いことではありません。悪いのは、むしろ何も考えていない状態で決断することです。相場が良いか、たまたま選んだ銘柄が優秀であれば良いのですが、そうでない場合はややこしいことになります。配当株投資をしているとよくある失敗パターンが、よさそうな銘柄を全部買ったらポートフォリオが肥大化し、管理が困難になることです。こういう時こそ本質に立ち返る必要があります。「そもそも自分は何のために投資をしているのか？」、「配当株投資を通して何を実現させたいのか？」、「改めて自分は何が好きで嫌いか？」こうした自問自答をしてみると、判断軸が明確になってきます。銘柄選びに迷った際や、利確、損切に迷う時も役に立つでしょう。「そもそもなぜこの銘柄を買ったのか？」をしっかり思い出せば大抵の迷いは消えます。本書でもまずは自分の軸を明確にする作業をわざわざ挟んだのは、こうした迷走を防ぎ、迷った時にすぐ立ち返ることができるようにするためです。

⑦ **割り切る**（そもそも投資に絶対はない）

そもそも投資に絶対はありません。絶対上がる銘柄などなく、絶対に配当金を出し続ける銘柄もありません。どんなに投資を極めたプロであっても、100%の正確度で未来予測ができる人はいません。現金もインフレが起きたら目減りするので、100%安全とは言えない

側面があります。安全資産と言われているゴールドも価格変動リスクがあります。

　私たちが生きていく中、大なり小なりリスクはつきもので、この世にリスクがないことは存在しません。リスクをなくすことはできない以上、ここは割り切るしかありません。投資という手段を取る限り、何かしらのリスクには必ず直面するのです。株価変動リスク、信用リスク、流動性リスク、金利変動リスク、為替変動リスクなど様々なリスクが待ち構えています。これらのリスクはある程度減らすことは可能ですが、なくすことはできません。割り切りつつ、投資する資産、地域、業種、タイミングなど様々なやり方で分散を図ったり、自分の許容範囲内のポジション量を取ったりすることで、リスクをコントロールするのがスマートなやり方です。自分が制御できるところまでは全力でやって、コントロール不可能な部分は割り切る姿勢がいいでしょう。

まとめ

☑ **配当株投資は基本的に長期投資となるため、銘柄を選ぶ力や様々な知識に加え、「メンタル」を整えることも大切**

☑ **メンタルは負けている時だけではなく、勝っているときも管理が必要**

　どちらの局面でも冷静に判断できるようにしないと、不要な損失やチャンスロスにつながってしまう

☑ **経験値があるとないのでは、投資への向き合い方が違ってくるので焦りすぎない**

☑ **過去の動きを徹底的に調べて、今後の「想定」をしておく**

過去は未来を保障しないが、想定をするとしないのでは全然違う

しっかり調べる・考えることがメンタルにも影響する

☑ **欲張りすぎない**

自分が耐えられる量のポジションを取る

自分の主体的な判断ではなく、ポジション量のせいで耐えられずに利確や損切をするのは「振り回されている」だけ

☑ **迷ったら本質に立ち返ってみる**

何も考えていない状態で決断することはよろしくない

迷ったら「そもそも自分は何のために？」などと自問自答してみる

☑ **割り切る**

投資という手段を取る以上、一定のリスクは避けられない

分散や欲張らないこと、しっかり調べる等やれることはやり尽くしたうえで、あとは割り切る

自分自身の維持保守方法（メンタル面）

巻末付録①
〜銘柄集・日本株〜

投資熊独自の視点でいくつか銘柄をスクリーニングしました。4つのテーマに分けて紹介します。被る銘柄を除いても140銘柄以上となっており、大変充実しています。

【注意点】

- ☑ 各種データは2024年4月5日時点で入手できる最新のものです。また、媒体によって定義などが異なる場合があります。
- ☑ ご紹介する銘柄は、あくまでも「リサーチ結果のまとめ&紹介」であり、特定の投資行動を誘導するものではありません。また、将来の成果を示唆・保証するものではありません。
- ☑ あくまでも断片的な情報の提供を目的としており、こちらに記載されている情報だけで銘柄を選ばないでください。
- ☑ 参考：IRBANK、各社公式HP、マネックス証券「銘柄スカウター」、みんかぶ

■業界ごとの主要な配当銘柄（70銘柄）

「投資熊視点の有名な配当銘柄」を業界ごとにまとめました。SNSでよく見る印象の銘柄を取り上げています。全業種ではありませんが、25業種カバーしています。

【表の見方】

☑ 配当利回りは「今期予想利回り」です。今期の配当金予想を発表していない企業の場合、前期実績値を適用しています。

☑ 配当金の支払い年数が10年に満たない場合やデータが取れない場合は「―」で表記しています。

☑ 「直近10年」は「実績のみ」をカウントしており、今期予想は「直近」として算入していません。

☑ 非減配期間や連続増配期間を算定するにあたって、「記念配当」や「特別配当」は除いてカウントしています。

業種	コード	銘柄名	配当利回り	減配有無（直近10年）	連続増配（10年以上）	時価総額
ガラス土石	5201	AGC	3.79%	無		12,042 億円
	5214	日本電気硝子	3.43%	無		3,773 億円
	5334	日本特殊陶業	3.26%	有		10,015 億円
ゴム	5108	ブリヂストン	3.19%	有		46,926 億円
サービス業	6178	日本郵政	3.34%	−		51,881 億円
その他金融	8593	三菱HCキャピタル	3.58%	無	○	15,168 億円
	8439	東京センチュリー	3.16%	無		7,793 億円
	7164	全国保証	3.12%	無	○	3,749 億円
	8425	みずほリース	3.11%	無	○	2,707 億円
	8591	オリックス	2.95%	無		38,721 億円
	8566	リコーリース	2.88%	無	○	1,628 億円
	8424	芙蓉総合リース	2.86%	無	○	4,134 億円
	8697	日本取引所グループ	2.20%	有		21,576 億円
その他製品	7956	ピジョン	5.36%	無		1,726 億円
	7974	任天堂	2.44%	有		100,532 億円
医薬品	4502	武田薬品工業	4.56%	無		65,195 億円
	4503	アステラス製薬	4.37%	無	○	29,000 億円
卸売業	2768	双日	3.42%	有		8,883 億円
	8053	住友商事	3.41%	有		44,838 億円
	8002	丸紅	3.18%	有		43,718 億円
	8015	豊田通商	2.51%	無	○	35,303 億円
	8031	三井物産	2.40%	有		107,026 億円
	8001	伊藤忠商事	2.36%	無		107,630 億円
	8058	三菱商事	2.02%	有		145,096 億円
化学	4188	三菱ケミカルグループ	3.52%	有		13,700 億円
	3407	旭化成	3.29%	無		15,243 億円
	4183	三井化学	3.17%	−		8,865 億円
	4005	住友化学	2.57%	有		5,799 億円
	4452	花王	2.47%	無	○	28,630 億円
	4063	信越化学工業	1.62%	無		123,464 億円
海運	9104	商船三井	4.42%	有		16,395 億円
	9107	川崎汽船	4.17%	有		14,266 億円
	9101	日本郵船	3.19%	有		20,810 億円
機械	6301	小松製作所	3.22%	有		43,510 億円
	6326	クボタ	1.93%	無		29,205 億円

業種	コード	銘柄名	配当利回り	減配有無（直近10年）	連続増配（10年以上）	時価総額
銀行業	8309	三井住友トラストHD	3.44%	無		23,305 億円
	8411	みずほフィナンシャルグループ	3.41%	無		74,489 億円
	7182	ゆうちょ銀行	3.20%	－		56,453 億円
	8316	三井住友フィナンシャルグループ	3.09%	無		116,913 億円
	8306	三菱UFJフィナンシャル・グループ	2.69%	無		188,212 億円
	8308	りそなHD	2.30%	無		22,399 億円
建設	1928	積水ハウス	3.58%	無	○	23,174 億円
	1925	大和ハウス工業	3.14%	無	○	29,361 億円
	1911	住友林業	2.68%	無		9,990 億円
鉱業	1605	INPEX	3.08%	有		31,101 億円
小売業	8252	丸井グループ	4.07%	無	○	5,178 億円
証券・先物	8473	SBIHD	4.21%	無		10,546 億円
情報・通信	9434	ソフトバンク	4.48%	－		91,326 億円
	9433	KDDI	3.18%	無	○	101,434 億円
	9436	沖縄セルラー電話	3.08%	無	○	1,757 億円
	9432	日本電信電話	2.86%	無	○	158,463 億円
食料品	2914	日本たばこ産業	4.73%	有		81,960 億円
	2503	キリンHD	3.34%	無		19,422 億円
	2502	アサヒグループHD	2.39%	無	○	28,052 億円
石油・石炭	5019	出光興産	3.07%	有		14,497 億円
	5020	ENEOSHD	3.03%	無		22,049 億円
倉庫・運輸	9303	住友倉庫	3.89%	無	○	2,057 億円
鉄鋼	5406	神戸製鋼所	4.56%	有		7,830 億円
	5401	日本製鉄	4.45%	有		34,164 億円
	5411	JFEHD	4.03%	有		15,861 億円
電気・ガス	9513	電源開発	3.58%	無		4,595 億円
	9531	東京瓦斯	2.00%	無		14,044 億円
電気機器	7751	キヤノン	3.40%	有		58,792 億円
不動産業	3003	ヒューリック	3.52%	無	○	11,342 億円
保険業	8630	SOMPOHD	3.16%	無		31,369 億円
	8725	MS&ADインシュアランスグループHD	2.91%	無		44,162 億円
	8766	東京海上HD	2.54%	無	○	94,153 億円
輸送用機器	7272	ヤマハ発動機	3.52%	有		14,919 億円
	7267	本田技研工業	3.16%	有		96,914 億円
	7203	トヨタ自動車	1.66%	無		590,439 億円

■連続増配銘柄（80銘柄）

「連続増配」と言われるとやはり米国株のイメージが大きいです。しかし、実は日本にも連続増配銘柄はたくさんあります。その中でも「10年以上連続増配×配当利回り2％以上」の銘柄をまとめました。

【表の見方】

☑ 配当利回りは「今期予想利回り」です。

☑ 連続増配期間を算定するにあたって、「記念配当」や「特別配当」は除いてカウントしています。

☑ 「10期増配率」は10期前 VS 直近実績の切り取りです。

業種	コード	銘柄名	配当利回り	連続増配年数	10期増配率（実績）				時価総額
					10期前	→	直近実績	倍率	
化学	4452	花王	2.47%	34年	64円	→	150円	2.3倍	28,630億円
卸売業	7466	SPK	2.50%	25年	27.5円	→	44円	1.6倍	209億円
その他金融	8593	三菱HCキャピタル	3.58%	24年	6.5円	→	33円	5.1倍	15,168億円
サービス業	4732	ユー・エス・エス	2.96%	23年	15.38円	→	33.75円	2.2倍	6,340億円
その他金融	8566	リコーリース	2.88%		43円	→	145円	3.4倍	1,628億円
情報・通信	9436	沖縄セルラー電話	3.08%	22年	39円	→	88円	2.3倍	1,757億円
倉庫・運輸	9058	トランコム	2.20%		60円	→	128円	2.1倍	618億円
情報・通信	9433	KDDI	3.18%	21年	30円	→	135円	4.5倍	101,434億円
小売業	9989	サンドラッグ	2.50%		24円	→	100円	4.2倍	5,433億円
小売業	2659	サンエー	2.29%		28円	→	110円	3.9倍	1,534億円
卸売業	2784	アルフレッサHD	3.14%	19年	23.25円	→	57円	2.5倍	4,458億円
その他金融	8424	芙蓉総合リース	2.86%		70円	→	343円	4.9倍	4,134億円
卸売業	7504	高速	2.22%		20円	→	46円	2.3倍	454億円
その他金融	8425	みずほリース	3.11%	18年	10円	→	29.4円	2.9倍	2,707億円
サービス業	9787	イオンディライト	2.44%		46円	→	85円	1.8倍	1,731億円
卸売業	7613	シークス	2.93%		16円	→	44円	2.8倍	825億円
陸運	9037	ハマキョウレックス	2.83%	17年	20円	→	95円	4.8倍	740億円
情報・通信	3844	コムチュア	2.45%		4.33円	→	44円	10.2倍	606億円
食料品	2502	アサヒグループHD	2.39%	16年	43円	→	121円	2.8倍	28,052億円
ガラス土石	5393	ニチアス	2.46%		26円	→	92円	3.5倍	2,699億円
医薬品	4547	キッセイ薬品工業	2.40%	15年	38円	→	80円	2.1倍	1,682億円
その他金融	8771	イー・ギャランティ	2.04%		4.38円	→	34円	7.8倍	815億円
卸売業	3166	OCHIHD	3.26%		6円	→	52円	8.7倍	226億円
サービス業	4765	SBIグローバルアセットマネジメント	3.03%		3.33円	→	21円	6.3倍	637億円
化学	4206	アイカ工業	2.96%		36円	→	109円	3.0倍	2,535億円
サービス業	2374	セントケア・ホールディング	2.92%	14年	7円	→	24円	3.4倍	214億円
化学	4212	積水樹脂	2.52%		26円	→	63円	2.4倍	858億円
サービス業	4781	日本ハウズイング	2.31%		10.75円	→	24円	2.2倍	668億円
情報・通信	4768	大塚商会	2.22%		19.58円	→	67.5円	3.4倍	11,974億円
建設	1414	ショーボンドHD	2.09%		27.5円	→	127円	4.6倍	3,471億円
不動産業	8929	青山財産ネットワークス	3.68%		5円	→	41円	8.2倍	306億円
卸売業	9882	イエローハット	3.36%		16円	→	62円	3.9倍	981億円
金属製品	5970	ジーテクト	3.31%		17円	→	58円	3.4倍	875億円
化学	4204	積水化学工業	3.20%		18円	→	59円	3.3倍	9,946億円
建設	1925	大和ハウス工業	3.14%		35円	→	130円	3.7倍	29,361億円
卸売業	8012	長瀬産業	3.11%	13年	26円	→	70円	2.7倍	3,028億円
化学	4205	日本ゼオン	2.99%		12円	→	36円	3.0倍	3,071億円
電気機器	6750	エレコム	2.88%		8.75円	→	40円	4.6倍	1,409億円
情報・通信	9432	日本電信電話	2.86%		1.6円	→	4.8円	3.0倍	158,463億円
不動産業	2353	日本駐車場開発	2.74%		2.5円	→	5.25円	2.1倍	700億円
卸売業	8015	豊田通商	2.51%		44円	→	202円	4.6倍	35,303億円
小売業	9956	バローHD	2.46%		29円	→	58円	2.0倍	1,318億円

業種	コード	銘柄名	配当利回り	連続増配年数	10期増配率（実績）			時価総額
					10期前 →	直近実績	倍率	
化学	4928	ノエビア HD	4.18%		50 円 →	220 円	4.4 倍	1,797 億円
その他製品	7990	グローブライド	3.64%		15 円 →	60 円	4.0 倍	461 億円
建設	1928	積水ハウス	3.58%		43 円 →	123 円	2.9 倍	23,174 億円
卸売業	7438	コンドーテック	3.18%		14 円 →	34 円	2.4 倍	331 億円
建設	1930	北陸電気工事	2.91%		6.67 円 →	36 円	5.4 倍	370 億円
銀行業	8418	山口フィナンシャルグループ	2.83%	12 年	12 円 →	31 円	2.6 倍	3,566 億円
建設	1949	住友電設	2.75%		18 円 →	94 円	5.2 倍	1,219 億円
倉庫・運輸	9364	上組	2.71%		20 円 →	90 円	4.5 倍	3,720 億円
機械	6432	竹内製作所	2.66%		2.67 円 →	98 円	36.7 倍	2,911 億円
卸売業	7476	アズワン	2.14%		15 円 →	55.5 円	3.7 倍	2,083 億円
サービス業	4763	クリーク・アンド・リバー社	2.14%		4 円 →	27 円	6.8 倍	441 億円
医薬品	4503	アステラス製薬	4.37%		26 円 →	60 円	2.3 倍	29,000 億円
小売業	8252	丸井グループ	4.07%		15 円 →	59 円	3.9 倍	5,178 億円
輸送用機器	7313	テイ・エス　テック	3.73%		17 円 →	63 円	3.7 倍	2,664 億円
建設	1951	エクシオグループ	3.69%		11 円 →	51 円	4.6 倍	3,472 億円
不動産業	3003	ヒューリック	3.52%		6.5 円 →	50 円	7.7 倍	11,342 億円
その他金融	7164	全国保証	3.12%		21.5 円 →	148 円	6.9 倍	3,749 億円
不動産業	3231	野村不動産 HD	3.11%		30 円 →	120 円	4.0 倍	7,670 億円
サービス業	4345	シーティーエス	2.96%		2.81 円 →	22 円	7.8 倍	330 億円
化学	4021	日産化学	2.91%		26 円 →	164 円	6.3 倍	7,831 億円
医薬品	4516	日本新薬	2.84%	11 年	21 円 →	114 円	5.4 倍	3,071 億円
サービス業	2154	オープンアップグループ	2.73%		7.5 円 →	50 円	6.7 倍	1,847 億円
卸売業	7459	メディパル HD	2.56%		20 円 →	46 円	2.3 倍	5,178 億円
保険業	8766	東京海上 HD	2.54%		18.33 円 →	100 円	5.5 倍	94,153 億円
情報・通信	4722	フューチャー	2.49%		7.75 円 →	40 円	5.2 倍	1,608 億円
建設	1944	きんでん	2.29%		16 円 →	40 円	2.5 倍	5,308 億円
卸売業	9960	東テク	2.19%		4.33 円 →	54 円	12.5 倍	1,253 億円
サービス業	2331	綜合警備保障	2.14%		5 円 →	17.2 円	3.4 倍	4,152 億円
情報・通信	9719	SCSK	2.06%		12 円 →	52 円	4.3 倍	8,791 億円
倉庫・運輸	9303	住友倉庫	3.89%		22 円 →	100 円	4.5 倍	2,057 億円
電気機器	6737	EIZO	3.88%		50 円 →	125 円	2.5 倍	1,132 億円
不動産業	3288	オープンハウスグループ	3.37%		6.25 円 →	164 円	26.2 倍	5,941 億円
建設	1926	ライト工業	3.17%		8 円 →	61 円	7.6 倍	1,052 億円
不動産業	8804	東京建物	3.15%	10 年	10 円 →	73 円	7.3 倍	5,248 億円
建設	1721	コムシス HD	3.03%		20 円 →	100 円	5.0 倍	4,606 億円
保険業	8725	MS&AD インシュアランスグループ HD	2.91%		18 円 →	66.67 円	3.7 倍	44,162 億円
食料品	2292	エスフーズ	2.52%		24 円 →	78 円	3.3 倍	1,075 億円
精密機器	7730	マニー	2.02%		6.89 円 →	35 円	5.1 倍	2,065 億円

■40年以上非減配銘柄（10銘柄）

実は日本にも長期非減配銘柄は多くあります。その中でも特に非減配期間が長い「40年以上非減配を継続」している10銘柄をまとめました。

【表の見方】

☑ 配当利回りは「今期予想利回り」です。

☑ 非減配期間を算定するにあたって、「記念配当」や「特別配当」は除いてカウントしています。

☑ 「10期増配率」は10期前 VS 直近実績の切り取りです。

業種	コード	銘柄名	配当利回り	10期増配率（実績）10期前	→	直近実績	倍率	時価総額
医薬品	4502	武田薬品工業	4.56%	180円	→	180円	1.0倍	65,195億円
化学	4272	日本化薬	3.49%	20円	→	45円	2.3倍	2,201億円
電気機器	3105	日清紡HD	3.01%	15円	→	36円	2.4倍	2,023億円
繊維製品	3201	日本毛織	2.51%	18円	→	33円	1.8倍	1,092億円
化学	4452	花王	2.47%	64円	→	150円	2.3倍	28,630億円
食料品	2502	アサヒグループHD	2.39%	43円	→	121円	2.8倍	28,052億円
小売業	8194	ライフコーポレーション	2.35%	25円	→	70円	2.8倍	1,896億円
医薬品	4507	塩野義製薬	1.98%	42円	→	135円	3.2倍	23,294億円
化学	4063	信越化学工業	1.62%	20円	→	100円	5.0倍	123,464億円
食料品	2209	井村屋グループ	1.14%	20円	→	28円	1.4倍	321億円

■配当系ETF（9銘柄）

　最近は日本も配当系ETFがかなり充実してきました。その中でも有名そうなもの（投資熊視点）を9つまとめました。

NEXT FUNDS 野村日本株高配当70連動型上場投信		
コード	1577	
分配利回り	2.90%	
価格	37,160円	
純資産総額	1,224.8億円	
信託報酬率	0.352%	
分配頻度	1月/4月/7月/10月（年4回）	
上位10銘柄と割合	出光興産	1.88%
	三菱商事	1.78%
	日本特殊陶業	1.77%
	SOMPOHD	1.75%
	コスモエネルギーHD	1.73%
	MS&ADインシュアランスグループHD	1.73%
	大林組	1.72%
	IHI	1.71%
	住友林業	1.63%
	住友重機械工業	1.63%

NEXT FUNDS 日経平均高配当株 50 指数連動型上場投信	
コード	1489
分配利回り	3.06%
価格	2,259 円
純資産総額	2,513.3 億円
信託報酬率	0.308%
分配頻度	1 月 /4 月 /7 月 /10 月（年 4 回）

	川崎汽船	4.68%
	三菱 UFJ フィナンシャル・グループ	3.54%
	商船三井	3.51%
	三井住友フィナンシャルグループ	3.33%
	みずほフィナンシャルグループ	3.31%
上位 10 銘柄と割合	INPEX	3.30%
	日本製鉄	3.26%
	SOMPOHD	3.25%
	三菱商事	3.24%
	日本たばこ産業	3.22%

NEXT FUNDS 野村株主還元 70 連動型上場投信	
コード	2529
分配利回り	2.55%
価格	1,702 円
純資産総額	293.1 億円
信託報酬率	0.308%
分配頻度	1 月 /4 月 /7 月 /10 月（年 4 回）

	三菱商事	2.67%
	三菱地所	2.47%
	ソフトバンクグループ	2.46%
	三井物産	2.31%
	ENEOSHD	2.25%
上位 10 銘柄と割合	本田技研工業	2.22%
	キヤノン	2.14%
	INPEX	2.12%
	日本郵政	2.10%
	住友商事	2.05%

グローバルX MSCI スーパーディビィデンド - 日本株式 ETF

コード	2564	
分配利回り	3.74%	
価格	2,813 円	
純資産総額	742.01 億円	
信託報酬率	0.429%	
分配頻度	1 月 /4 月 /7 月 /10 月（年 4 回）	
上位 10 銘柄と割合	日本特殊陶業	5.15%
	FPG	4.87%
	川崎汽船	4.32%
	タマホーム	4.25%
	SBI ホールディングス	4.23%
	石油資源開発	4.17%
	西松建設	4.12%
	商船三井	4.04%
	大和工業	3.99%
	日本郵政	3.96%

グローバルX Morningstar 高配当 ESG- 日本株式 ETF

コード	2849	
分配利回り	2.30%	
価格	4,270 円	
純資産総額	114.48 億円	
信託報酬率	0.3025%	
分配頻度	1 月 /4 月 /7 月 /10 月（年 4 回）	
上位 10 銘柄と割合	東京エレクトロン	15.22%
	ソフトバンク	9.34%
	大東建託	8.97%
	武田薬品工業	8.91%
	キリン HD	8.46%
	KDDI	8.35%
	アステラス製薬	7.88%
	日産化学	6.11%
	ヒロセ電機	3.42%
	日本 M&A センター HD	2.48%

iシェアーズ MSCI ジャパン高配当利回り ETF	
コード	1478
分配利回り	2.26%
価格	3,620 円
純資産総額	774.8 億円
信託報酬率	0.209%
分配頻度	2 月 /8 月（年 2 回）

	東京海上 HD	5.60%
	三井物産	5.55%
	本田技研工業	5.15%
	キヤノン	5.14%
上位 10 銘柄と割合	任天堂	5.05%
	小松製作所	4.86%
	伊藤忠商事	4.83%
	日本たばこ産業	4.80%
	ソフトバンク	4.79%
	日本電信電話	4.40%

iFreeETF TOPIX 高配当 40 指数	
コード	1651
分配利回り	1.66%
価格	2,014 円
純資産総額	452.95 億円
信託報酬率	0.209%
分配頻度	2 月 /5 月 /8 月 /11 月（年 4 回）

	トヨタ自動車	6.85%
	三菱商事	6.26%
	三菱 UFJ フィナンシャル・グループ	5.80%
	三井住友フィナンシャルグループ	5.16%
上位 10 銘柄と割合	任天堂	5.10%
	三井物産	5.03%
	伊藤忠商事	4.46%
	本田技研工業	4.18%
	東京海上 HD	4.10%
	日本電信電話	3.86%

上場インデックスファンド日本高配当（東証配当フォーカス100）		
コード	1698	
分配利回り	2.72%	
価格	2,974 円	
純資産総額	417.81 億円	
信託報酬率	0.308%	
分配頻度	1 月 /4 月 /7 月 /10 月（年 4 回）	
上位 10 銘柄と割合	日本たばこ産業	7.41%
	キヤノン	6.70%
	ブリヂストン	5.68%
	三菱 UFJ フィナンシャル・グループ	5.00%
	三菱商事	3.69%
	INPEX	3.63%
	三井住友フィナンシャルグループ	3.35%
	三井物産	2.93%
	キリン HD	2.63%
	本田技研工業	2.47%

MAXIS 日本株高配当 70 マーケットニュートラル上場投信		
コード	1499	
分配利回り	3.20%	
価格	9,500 円	
純資産総額	111.54 億円	
信託報酬率	0.440%	
分配頻度	1 月 /4 月 /7 月 /10 月（年 4 回）	
上位 10 銘柄と割合	三菱商事	5.72%
	トヨタ自動車	5.65%
	日本たばこ産業	4.78%
	ソフトバンク	4.48%
	日本電信電話	4.20%
	武田薬品工業	4.17%
	東京海上 HD	4.00%
	三井物産	3.96%
	KDDI	3.94%
	任天堂	3.37%

巻末付録②
〜銘柄集・米国株〜

投資熊独自の視点でいくつか銘柄をスクリーニングしました。3つのテーマに分けて紹介します。被る銘柄を除いても80銘柄以上となっており、大変充実しています。

【注意点】

☑ 各種データは2024年4月12日時点で入手できる最新のものです。また、媒体によって定義などが異なる場合があります。

☑ 配当支払月は企業によって変更される場合があります。

☑ ご紹介する銘柄は、あくまでも「リサーチ結果のまとめ＆紹介」であり、特定の投資行動を誘導するものではありません。また、将来の成果を示唆・保証するものではありません。

☑ あくまでも断片的な情報の提供を目的としており、こちらに記載されている情報だけで銘柄を選ばないでください。

☑ 参考：運用会社公式HP、各社公式HP、マネックス証券「銘柄スカウター」、Bloomberg、Dividend Radar、Dividend.com

■配当支払月ごとの主要な配当銘柄（35銘柄）

「投資熊視点の有名な配当銘柄」を配当支払月ごとにまとめました。SNSでよく見たり、実生活で耳にしたりすることがあるような銘柄を取り上げています。

【表の見方】

☑ 配当利回りは「Bloomberg基準」です。

【配当支払月が1/4/7/10月の銘柄】

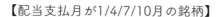

セクター	ティッカー	銘柄名	配当利回り	時価総額	企業概要
生活必需品	MO	アルトリア・グループ	9.55%	70,509 百万 USD	米国のたばこおよび無煙たばこで業界首位、機械巻き葉巻では第2位
生活必需品	PM	フィリップ・モリス・インターナショナル	5.85%	138,122 百万 USD	世界的なたばこ会社
情報技術	HPQ	HP	3.86%	27,916 百万 USD	PC やプリンター市場の巨大企業
生活必需品	KO	コカ・コーラ	3.33%	251,256 百万 USD	世界最大のノンアルコール飲料会社
情報技術	CSCO	シスコ・システムズ	3.30%	196,345 百万 USD	世界最大のソフトウェア企業の一社
金融	JPM	JP モルガン・チェース・アンド・カンパニー	2.51%	524,989 百万 USD	4兆ドル近い資産を有する米国最大の複合金融機関の1つ
ヘルスケア	MRK	メルク	2.45%	318,455 百万 USD	循環代謝病疾患、がん、感染症など幅広い治療分野の薬剤を製造する医薬品会社
一般消費財	RL	ラルフ・ローレン	1.87%	10,247 百万 USD	衣料品・アクセサリーメーカー
一般消費財	NKE	ナイキ	1.61%	138,861 百万 USD	世界最大規模のスポーツ用フットウエア、アパレルブランド
情報技術	ORCL	オラクル	1.32%	332,873 百万 USD	大手ソフトウエアメーカー

※コカ・コーラの場合、配当支払月が4/7/10/12月ですが、便宜上このグループに入れています。

【配当支払月が2/5/8/11月の銘柄】

セクター	ティッカー	銘柄名	配当利回り	時価総額	企業概要
生活必需品	BTI	ブリティッシュ・アメリカン・タバコ	10.39%	63,879 百万 USD	世界的なたばこ会社
通信サービス	T	AT&T	6.81%	116,999 百万 USD	米国第 3 位の無線通信事業会社
通信サービス	VZ	ベライゾン・コミュニケーションズ	6.70%	167,221 百万 USD	米国最大の無線通信会社
ヘルスケア	ABBV	アッヴィ	3.82%	287,341 百万 USD	免疫学や腫瘍学分野に主軸を置く製薬会社
金融	C	シティグループ	3.55%	114,304 百万 USD	グローバル金融サービス会社
一般消費財	SBUX	スターバックス	2.68%	96,148 百万 USD	世界的なコーヒーチェーン会社
生活必需品	PG	プロクター・アンド・ギャンブル	2.59%	365,495 百万 USD	日用消費財の製造で世界最大手のひとつ
資本財	CAT	キャタピラー	1.42%	182,587 百万 USD	重機、パワーシステム、機関車製造の一流企業
生活必需品	COST	コストコ・ホールセール	0.63%	324,339 百万 USD	会員制倉庫型卸売・小売会社
情報技術	AAPL	アップル	0.54%	2,726,264 百万 USD	世界最大級の IT 会社

【配当支払月が3/6/9/12月の銘柄】

セクター	ティッカー	銘柄名	配当利回り	時価総額	企業概要
資本財	MMM	スリーエム	6.61%	50,527 百万 USD	多角経営会社（電子、電気通信、工業、消費者・オフィス製品、ヘルスケア、保安など）
ヘルスケア	PFE	ファイザー	6.49%	146,433 百万 USD	世界最大手の製薬会社のひとつ
一般消費財	F	フォード・モーター	4.76%	50,108 百万 USD	大手自動車メーカー
生活必需品	KHC	クラフト・ハインツ	4.45%	43,690 百万 USD	北米第 3 位、世界第 5 位の食品・飲料メーカー
エネルギー	CVX	シェブロン	4.10%	293,650 百万 USD	米国第 2 位の石油会社
情報技術	IBM	IBM	3.64%	167,095 百万 USD	大手総合 IT 企業
ヘルスケア	JNJ	ジョンソン・エンド・ジョンソン	3.23%	355,491 百万 USD	世界最大規模のヘルスケア企業

セクター	ティッカー	銘柄名	配当利回り	時価総額	企業概要
エネルギー	XOM	エクソン・モービル	3.16%	476,456百万USD	大手総合石油・ガス会社
金融	GS	ゴールドマン・サックス・グループ	2.82%	126,400百万USD	世界有数の投資銀行および資産運用会社
資本財	LMT	ロッキード・マーチン	2.80%	108,319百万USD	世界最大規模の防衛請負企業
一般消費財	HD	ホーム・デポ	2.63%	339,795百万USD	世界最大規模の住宅修繕専門小売業者
一般消費財	MCD	マクドナルド	2.50%	192,789百万USD	世界最大級のファーストフード・チェーン運営会社
情報技術	INTC	インテル	1.40%	151,928百万USD	大手コンピューター部品メーカー
情報技術	V	ビザ	0.75%	558,983百万USD	世界最大級の電子決済処理ネットワーク運営会社
情報技術	MSFT	マイクロソフト	0.71%	3,134,901百万USD	世界的なソフトウエア会社

■配当王銘柄（41銘柄）

　配当王（一般的に「50年以上連続増配の米国企業」のこと）銘柄をまとめました。

【表の見方】

☑ 配当利回りは「Bloomberg基準」です。

セクター	ティッカー	銘柄名	配当利回り	連続増配年数	時価総額	企業概要
公益事業	AWR	アメリカン・ステイツ・ウォーター	2.54%	69 年	2,523 百万 USD	カリフォルニア州を拠点とする水道および公益事業持株会社
資本財	DOV	ドーバー	1.19%	68 年	23,637 百万 USD	工業機械メーカー
公益事業	NWN	ノースウエスト・ナチュラル・ホールディング	5.40%	67 年	1,374 百万 USD	米国の太平洋岸北西部で天然ガスを供給する会社
一般消費財	GPC	ジェニュイン・パーツ	2.75%		20,269 百万 USD	自動車部品会社、工業用部品、オフィス用品、電気資材、電子資材も販売
生活必需品	PG	プロクター・アンド・ギャンブル	2.59%		365,495 百万 USD	日用消費財の製造で世界最大手のひとつ
資本財	PH	パーカー・ハネフィン	1.08%		70,667 百万 USD	動力制御機器メーカー
資本財	EMR	エマソン・エレクトリック	1.86%	66 年	64,402 百万 USD	電子・電気機器、ソフトウエア、システム、サービスの設計・製造会社
資本財	MMM	スリーエム	6.61%	65 年	50,527 百万 USD	多角経営会社（電子、電気通信、工業、消費者・オフィス製品、ヘルスケア、保安など）
金融	CINF	シンシナティ・ファイナンシャル	2.73%	63 年	18,586 百万 USD	保険持株会社（財産保険、災害保険、生命保険など各種保険商品の販売）
生活必需品	KO	コカ・コーラ	3.33%	61 年	251,256 百万 USD	世界最大のノンアルコール飲料会社
ヘルスケア	JNJ	ジョンソン・エンド・ジョンソン	3.23%		355,491 百万 USD	世界最大規模のヘルスケア企業
一般消費財	LOW	ロウズ・カンパニーズ	1.90%		132,775 百万 USD	世界第 2 位の大手ホームセンター
生活必需品	LANC	ランカスター・コロニー	1.84%		5,397 百万 USD	特殊食品メーカー
生活必需品	CL	コルゲート・パルモリーブ	2.33%	60 年	70,568 百万 USD	消費財メーカー（歯磨き、歯ブラシ、シャンプー、デオドラント、固形・液体石鹸など）
資本財	ITW	イリノイ・ツール・ワークス	2.21%		75,735 百万 USD	特殊製品・機器メーカー（工業用液体と接着剤、特殊工具、溶接製品、品質検査機器など）
資本財	NDSN	ノードソン	1.03%		15,136 百万 USD	接着剤やシーラントなどを塗布するシステムを設計、製造、販売する会社

セクター	ティッカー	銘柄名	配当利回り	連続増配年数	時価総額	企業概要
生活必需品	HRL	ホーメル・フーズ	3.33%	57 年	18,583 百万 USD	食品加工メーカー
生活必需品	TR	トッツィー・ロール・インダストリーズ	1.17%		2,115 百万 USD	菓子メーカー
資本財	SWK	スタンレー・ブラック・アンド・デッカー	3.54%	56 年	14,070 百万 USD	手動・電動工具メーカー
公益事業	SJW	SJW グループ	3.03%		1,693 百万 USD	水の供給、貯蔵、浄化、および配給などの水道事業を手掛ける公益持株会社
生活必需品	TGT	ターゲット	2.65%		76,696 百万 USD	全米第 6 位の小売企業（総合ディスカウントストア）
公益事業	CWT	カリフォルニア・ウォーター・サービス・グループ	2.52%		2,561 百万 USD	カリフォルニア州を拠点とする米国の水道・公益事業持株会社
金融	CBSH	コマース・バンク・シェアーズ	2.10%	55 年	6,677 百万 USD	220 億ドル規模の地銀
資本財	ABM	ABM インダストリーズ	2.07%		2,758 百万 USD	施設サービス請負会社（空調、施設エンジニアリング、清掃、照明、駐車場、警備など）
素材	SCL	ステパン	1.78%		1,889 百万 USD	化学品メーカー（界面活性剤、ポリマー、特殊化学品など）
素材	FUL	エイチ・ビー・フラー	1.17%	54 年	4,137 百万 USD	特殊化学品メーカー（接着剤、シーラントなど）
公益事業	BKH	ブラック・ヒルズ	4.98%	53 年	3,567 百万 USD	エネルギー会社（主に米国中西部）
生活必需品	SYY	シスコ	2.66%		37,462 百万 USD	主にフードサービス業界向けに食品・関連製品を供給する会社
生活必需品	UVV	ユニバーサル	6.59%		1,193 百万 USD	独立系葉たばこ会社
公益事業	NFG	ナショナル・フュエル・ガス	3.72%		4,901 百万 USD	総合天然ガス会社
素材	PPG	PPG インダストリーズ	1.93%	52 年	31,640 百万 USD	化学メーカー（表面保護用ならびに保護装飾用のコーティング材など）
資本財	MSA	MSA セーフティー	0.99%		7,482 百万 USD	安全用品メーカー
資本財	GWW	WW グレインジャー	0.77%		47,412 百万 USD	資材メーカー（北米の企業を対象に作業用資材や関連情報の販売）

セクター	ティッカー	銘柄名	配当利回り	連続増配年数	時価総額	企業概要
一般消費財	LEG	レゲット・アンド・プラット	10.42%		2,363 百万USD	住宅、オフィス、店舗、自動車などで使用される高性能コンポーネントや製品の設計・製造会社
生活必需品	KMB	キンバリー・クラーク	3.94%		41,740 百万USD	消費財メーカー（ヘルスケアおよび衛生用品）
生活必需品	PEP	ペプシコ	3.01%	51 年	231,055 百万USD	スナックと飲料の世界的大手企業
ヘルスケア	BDX	ベクトン・ディッキンソン・アンド・カンパニー	1.62%		67,941 百万USD	針、注射器、および鋭利物処理ユニットなどの医療外科用製品の世界最大級の製造および販売会社
資本財	TNC	テナント・カンパニー	0.96%		2,227 百万USD	フロア・クリーニング機器、木質フローリング、木材製品の製造会社
生活必需品	WMT	ウォルマート	1.38%		484,611 百万USD	大手小売スーパー・チェーン
素材	NUE	ニューコア	1.11%	50 年	46,683 百万USD	鉄鋼メーカー
情報技術	SPGI	S&P グローバル	0.87%		133,807 百万USD	金融情報サービス会社（S&Pレーティング部門は世界最大級の信用格付け機関）

【配当支払月が1/4/7/10月の銘柄】
GPC、CINF、ITW、SYY、NFG、LEG、KMB

【配当支払月が2/5/8/11月の銘柄】
NWN、PG、LOW、CL、HRL、CWT、ABM、FUL、UVV、NUE

【配当支払月が3/6/9/12月の銘柄】
AWR、DOV、PH、EMR、MMM、JNJ、LANC、SWK、SJW、TGT、CBSH、SCL、BKH、PPG、MSA、GWW、BDX、TNC、SPGI

【配当支払月が変則的な銘柄】
KO（4/7/10/12月）、NDSN（1/3/6/9月）、TR（1/3/7/10月）、PEP（1/3/6/9月）、WMT（1/4/6/9月）

■配当系ETF（7銘柄+α）

　米国の配当系ETFは相当充実しています。その中でも有名そうな

もの（投資熊視点）をまとめました。

【表の見方】

☑ 配当利回りは「Bloomberg基準」です。

【連続増配系】

VIG			
バンガード・米国増配株式 ETF			
設定日	2006/4/27		
1 株単価	175.60 ドル		
純資産総額	759.58 億ドル		
経費率	0.06%		
分配利回り	1.75%		
分配月	3/6/9/12 月		
上位 10 銘柄と割合	MSFT	マイクロソフト	5.59%
	AAPL	アップル	3.99%
	AVGO	ブロードコム	3.50%
	JPM	JP モルガン・チェース・アンド・カンパニー	3.40%
	UNH	ユナイテッドヘルス・グループ	2.89%
	V	ビザ	2.73%
	XOM	エクソン・モービル	2.65%
	MA	マスターカード	2.50%
	JNJ	ジョンソン・エンド・ジョンソン	2.46%
	HD	ホーム・デポ	2.42%

米国の連続増配系ETFで最も有名かもしれません。10年以上連続増配銘柄で構成されているETFです。分配利回りは低めですが、コツコツとしっかり増配を期待できるETFです。ETFは310〜320銘柄で構成されており、セクター的には「情報技術」と「金融」はやや高めです。（2つ合わせて40％程度）

SDY			
SPDR S&P 米国高配当株式 ETF			
設定日	2005/11/15		
1株単価	125.89 ドル		
純資産総額	199.95 億ドル		
経費率	0.35%		
分配利回り	2.25%		
分配月	3/6/9/12 月		
上位 10 銘柄と割合	MMM	スリーエム	2.18%
	O	リアルティ・インカム	2.06%
	EIX	エジソン・インターナショナル	1.87%
	XOM	エクソン・モービル	1.87%
	CVX	シェブロン	1.80%
	IBM	IBM	1.73%
	TROW	ティー・ロウ・プライス・グループ	1.71%
	KMB	キンバリー・クラーク	1.66%
	SO	サザン	1.63%
	ES	エバーソース・エナジー	1.62%

日本では超有名というわけではありませんが、20年以上連続増配銘柄で構成されているETFです。分配利回りは2％を超えており、もちろん増配も期待できるETFです。経費率は少しかかる方です。ETFは約130〜140銘柄で構成されており、セクター的には「生活必需品」と「資本財」と「公益事業」の割合がやや高めです。（3つ合わせて55％程度）

NOBL			
プロシェアーズ・S&P 500 配当貴族 ETF			
設定日	2013/10/10		
1 株単価	96.84 ドル		
純資産総額	118.22 億ドル		
経費率	0.35%		
分配利回り	1.60%		
分配月	3/6/9/12 月		
上位 10 銘柄と割合	CAT	キャタピラー	1.82%
	TGT	ターゲット	1.75%
	XOM	エクソン・モービル	1.74%
	EMR	エマソン・エレクトリック	1.71%
	ADM	アーチャー・ダニエルズ・ミッドランド	1.69%
	MMM	スリーエム	1.68%
	DOV	ドーバー	1.66%
	PNR	ペンテア	1.64%
	HRL	ホーメル・フーズ	1.63%
	NUE	ニューコア	1.62%

　配当貴族（一般的に「25年以上連続増配の米国企業」のこと）銘柄で構成されているETFです。分配利回りはそこまで高くありませんが、増配を期待できるETFです。経費率は少しかかる方です。ETFの構成銘柄は約70あり、セクター的には「生活必需品」と「資本財」の割合が高めです。（2つ合わせて40％〜50％）

◇迷ったら？

　自分の軸とそれぞれのETFのコンセプトと合うか考えましょう。3つとも増配とある程度のキャピタルゲインが期待できます。あとは、経費率や構成銘柄もチェックしておきましょう。この3つのETFのトータルリターンは大きくは変わりません。

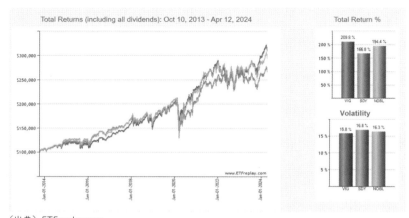

（出典）ETFreplay.com
※ 3 銘柄の中で最も若い NOBL の設定日から 2024/4/12 までを比較

【高配当・好配当系】

VYM			
バンガード・米国高配当株式 ETF			
設定日	2006/11/16		
1 株単価	116.10 ドル		
純資産総額	525.64 億ドル		
経費率	0.06%		
分配利回り	2.26%		
分配月	3/6/9/12 月		
上位 10 銘柄と割合	AVGO	ブロードコム	3.87%
	JPM	JP モルガン・チェース・アンド・カンパニー	3.71%
	XOM	エクソン・モービル	2.92%
	JNJ	ジョンソン・エンド・ジョンソン	2.68%
	HD	ホーム・デポ	2.63%
	PG	プロクター・アンド・ギャンブル	2.58%
	MRK	メルク	2.23%
	ABBV	アッヴィ	2.14%
	CVX	シェブロン	1.76%
	WMT	ウォルマート	1.73%

米国の代表的な高配当ETFの一つです。経費率も低く、インカムゲインとキャピタルゲインの両方がバランスよく狙えます。特徴として「業績が良いと予想される銘柄＆配当利回りが平均を上回る銘柄」を重点的に組み入れています。ETFは約450銘柄から構成されており、分散も悪くありません。

SPYD			
SPDR ポートフォリオ S&P 500 高配当株式 ETF			
設定日	2015/10/22		
1株単価	38.91 ドル		
純資産総額	66.35 億ドル		
経費率	0.07%		
分配利回り	3.83%		
分配月	3/6/9/12 月		
上位 10 銘柄と割合	HAS	ハズブロ	1.47%
	PEG	パブリック・サービス・エンタープライズ・グループ	1.47%
	F	フォード・モーター	1.45%
	OKE	ONEOK	1.45%
	IRM	アイアンマウンテン	1.44%
	C	シティグループ	1.42%
	WMB	ウィリアムズ・カンパニーズ	1.42%
	D	ドミニオン・エナジー	1.41%
	ES	エバーソース・エナジー	1.40%
	CVX	シェブロン	1.39%

日本では人気が高い米国の高配当ETFです。S&P500のうち、配当利回り上位80銘柄を組み入れています。経費率は低いです。高配当銘柄を集めているETFですので、キャピタルゲインはそこまで狙えません。

HDV			
iシェアーズ・コア　米国高配当株 ETF			
設定日	2011/3/31		
1 株単価	106.90 ドル		
純資産総額	101.73 億ドル		
経費率	0.08%		
分配利回り	3.13%		
分配月	3/6/9/12 月		
上位 10 銘柄と割合	XOM	エクソン・モービル	8.82%
	CVX	シェブロン	6.71%
	VZ	ベライゾン・コミュニケーションズ	5.77%
	JNJ	ジョンソン・エンド・ジョンソン	5.50%
	ABBV	アッヴィ	5.09%
	MRK	メルク	4.12%
	PM	フィリップ・モリス・インターナショナル	4.08%
	PEP	ペプシコ	3.72%
	KO	コカ・コーラ	3.66%
	MO	アルトリア・グループ	3.56%

　財務状態が健全な約75銘柄から構成される米国の高配当ETFです。経費率は低いです。上位銘柄への依存度が大きいのが特徴ですが、多くの人が知っているような米国の有名な高配当銘柄で固められており、安定感はあります。セクター的には「ヘルスケア」と「エネルギー」と「生活必需品」が約60％を占めます。

DVY			
iシェアーズ　好配当株式ETF			
設定日	2003/11/7		
1株単価	117.54 ドル		
純資産総額	180 億ドル		
経費率	0.38%		
分配利回り	3.39%		
分配月	3/6/9/12 月		
上位 10 銘柄と割合	MO	アルトリア・グループ	2.79%
	VZ	ベライゾン・コミュニケーションズ	1.86%
	T	AT&T	1.79%
	TFC	トゥルイスト・ファイナンシャル	1.74%
	KEY	キーコープ	1.69%
	D	ドミニオン・エナジー	1.68%
	OKE	ONEOK	1.66%
	PFE	ファイザー	1.66%
	CFG	シチズンズ・ファイナンシャル・グループ	1.64%
	PM	フィリップ・モリス・インターナショナル	1.63%

　日本ではそこまで有名ではありませんが、米国の高配当ETFの一つです。比較的高配当と言える約100銘柄で構成されています。分配利回りは十分ですが、経費率は高めです。セクター的には、「公益事業」と「金融」の2つで過半数を占めます。

◇迷ったら？

　自分の軸とそれぞれのETFのコンセプトが合うか考えましょう。どれも特徴がはっきりしていますので、自分の軸がしっかりしていれば選びやすいでしょう。もちろん経費率や構成銘柄もチェックしましょう。トータルリターンは以下の通りです。

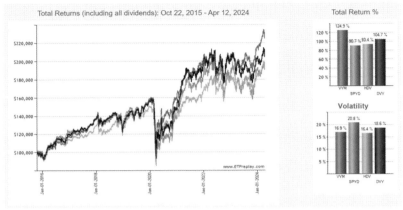

（出典）ETFreplay.com
※４銘柄の中で最も若いSPYDの設定日から2024/4/12までを比較

【●要注意● 超高配当系】

　世の中の投資家のニーズは多様化しており、それに応えて分配利回りが10％を超えるような超高配当ETFも出てきました。ただ、利回りだけ見て飛びつくと火傷する銘柄もあります。それを2種類ご紹介します。

☑ カバードコールETF

「カバードコール」というオプション取引を組み入れた投資戦略で運用されるETFです。話が難しいので、ざっくりまとめると「一定水準以上の値上がり益を放棄する代わりに、オプションプレミアムというインカムを獲得する」ものだと考えれば問題ありません。代表的な銘柄として「QYLD（分配利回り11.89％）」があります。このオプションプレミアムというものがETFの分配原資となります。よって、特性として、分配金が乱高下しやすいです。加えて、先述したように「一定水準以上の値上がり益を放棄する」とあるので、キャピタルゲ

インはそこまで期待できない代物です。実際にQYLDの価格は綺麗
な右肩下がり傾向です。保有するなら、表面的な利回りだけで飛びつ
かず、どういう銘柄なのか、なぜここまで利回りが出せるのかを一回
調べたうえで、自分の軸に合うか判断してからにしましょう。

市場概況 > Global X NASDAQ 100 Covered Call ETF

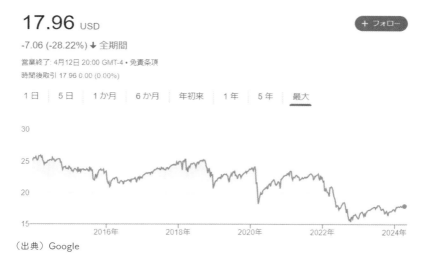

（出典）Google

☑ 超高配当ETF

突然ですが、「世界の配当利回り上位100銘柄」というフレーズ、
いかがでしょうか？とてつもなく魅力的に映ると思います。実際に
このETFは存在します。「SDIV（グローバルX スーパーディビィデンド-世
界株式 ETF）」というETFです。分配利回りは10.84％です。ただ、価格
推移を見ると目を覆いたくなるレベルです。これは配当利回りが高
い分、諸々危険性が高い銘柄で構成されているETFです。構成銘柄も
聞いたことがないような銘柄が多数を占めています。保有するなら、

表面的な利回りだけで飛びつかず、どういう銘柄なのか、なぜここまで利回りが出せるのかを一回調べたうえで、自分の軸に合うか判断してからにしましょう。

市場概況 > Global X SuperDividend Etf

21.04 USD

＋ フォロー

-52.40 (-71.35%) ↓ 全期間

4月12日 20:00 GMT-4・免責条項

| 1日 | 5日 | 1か月 | 6か月 | 年初来 | 1年 | 5年 | 最大 |

（出典）Google

巻末付録③
～配当金シミュレーション表～

配当金生活を送りたい方、配当金を生活の役に立てたい方、配当株投資をやるにあたって計画を立てたい方など、「自分が欲しい額の配当金を受け取るには結局いくら必要か？」知りたい方は多いと思います。計算自体は難しくありませんが、様々なケースを考慮したり、日本株や米国株の税引き後の額を知りたい時には、計算するのが面倒です。

　そこで、「毎月〇万円の配当金をもらうには、利回り●％の想定だと元手が〇〇〇万円必要」というデータが一目でわかる投資熊特製シミュレーション表をご用意しました。左端が「毎月もらえる配当金額」です。上端は「配当利回り」の欄で、上から税引き前、日本株（税引き後）、米国株（税引き後）です。中は必要資金額（単位：万円）です。

配当金・分配金シミュレーション

※税率：日本株＝20.315％、米国株＝28.2835％　　※単位：万円

	利回り（税引き前）	1.5%	2.0%	2.5%	3.0%	3.5%	4.0%	4.5%	5.0%	5.5%	6.0%	6.5%	7.0%	7.5%	8.0%	8.5%	9.0%	9.5%	10.0%
	日本株 利回り（税引き後）	1.20%	1.59%	1.99%	2.39%	2.79%	3.19%	3.59%	3.98%	4.38%	4.78%	5.18%	5.58%	5.98%	6.37%	6.77%	7.17%	7.57%	7.97%
	米国株 利回り（税引き後）	1.08%	1.43%	1.79%	2.15%	2.51%	2.87%	3.23%	3.59%	3.94%	4.30%	4.66%	5.02%	5.38%	5.74%	6.10%	6.45%	6.81%	7.17%
月1万円（年額12万円）		800	600	480	400	343	300	267	240	219	200	185	172	160	150	142	134	127	120
		1,004	753	603	502	431	377	335	302	274	251	232	216	201	189	178	168	159	151
		1,116	837	670	558	479	419	372	335	305	279	258	240	224	210	197	186	177	168
月2万円（年額24万円）		1,600	1,200	960	800	686	600	534	480	437	400	370	343	320	300	283	267	253	240
		2,008	1,506	1,205	1,004	861	753	670	603	548	502	464	431	402	377	355	335	318	302
		2,232	1,674	1,339	1,116	957	837	744	670	609	558	515	479	447	419	394	372	353	335
月3万円（年額36万円）		2,400	1,800	1,440	1,200	1,029	900	800	720	655	600	554	515	480	450	424	400	379	360
		3,012	2,259	1,808	1,506	1,291	1,130	1,004	904	822	753	696	646	603	565	532	502	476	452
		3,347	2,510	2,008	1,674	1,435	1,255	1,116	1,004	913	837	773	718	670	628	591	558	529	502
月4万円（年額48万円）		3,200	2,400	1,920	1,600	1,372	1,200	1,067	960	873	800	739	686	640	600	565	534	506	480
		4,016	3,012	2,410	2,008	1,722	1,506	1,339	1,205	1,096	1,004	927	861	804	753	709	670	635	603
		4,463	3,347	2,678	2,232	1,913	1,674	1,488	1,339	1,217	1,116	1,030	957	893	837	788	744	705	670
月5万円（年額60万円）		4,000	3,000	2,400	2,000	1,715	1,500	1,334	1,200	1,091	1,000	924	858	800	750	706	667	632	600
		5,020	3,765	3,012	2,510	2,152	1,883	1,674	1,506	1,370	1,255	1,159	1,076	1,004	942	886	837	793	753
		5,578	4,184	3,347	2,789	2,391	2,092	1,860	1,674	1,522	1,395	1,288	1,196	1,116	1,046	985	930	881	837
月7万円（年額84万円）		5,600	4,200	3,360	2,800	2,400	2,100	1,867	1,680	1,528	1,400	1,293	1,200	1,120	1,050	989	934	885	840
		7,028	5,271	4,217	3,514	3,012	2,636	2,343	2,109	1,917	1,757	1,622	1,506	1,406	1,318	1,241	1,172	1,110	1,055
		7,809	5,857	4,686	3,905	3,347	2,929	2,603	2,343	2,130	1,953	1,802	1,674	1,562	1,465	1,378	1,302	1,233	1,172
月10万円（年額120万円）		8,000	6,000	4,800	4,000	3,429	3,000	2,667	2,400	2,182	2,000	1,847	1,715	1,600	1,500	1,412	1,334	1,264	1,200
		10,040	7,530	6,024	5,020	4,303	3,765	3,347	3,012	2,739	2,510	2,317	2,152	2,008	1,883	1,772	1,674	1,586	1,506
		11,156	8,367	6,694	5,578	4,781	4,184	3,719	3,347	3,043	2,789	2,575	2,391	2,232	2,092	1,969	1,860	1,762	1,674

利回り（税引き前）	1.5%	2.0%	2.5%	3.0%	3.5%	4.0%	4.5%	5.0%	5.5%	6.0%	6.5%	7.0%	7.5%	8.0%	8.5%	9.0%	9.5%	10.0%
日本株 利回り（税引き後）	1.20%	1.59%	1.99%	2.39%	2.79%	3.19%	3.59%	3.98%	4.38%	4.78%	5.18%	5.58%	5.98%	6.37%	6.77%	7.17%	7.57%	7.97%
米国株 利回り（税引き後）	1.08%	1.43%	1.79%	2.15%	2.51%	2.87%	3.23%	3.59%	3.94%	4.30%	4.66%	5.02%	5.38%	5.74%	6.10%	6.45%	6.81%	7.17%
月15万円（年額180万円）	12,000	9,000	7,200	6,000	5,143	4,500	4,000	3,600	3,273	3,000	2,770	2,572	2,400	2,250	2,118	2,000	1,895	1,800
	15,060	11,295	9,036	7,530	6,454	5,648	5,020	4,518	4,108	3,765	3,476	3,227	3,012	2,824	2,658	2,510	2,378	2,259
	16,733	12,550	10,040	8,367	7,172	6,275	5,578	5,020	4,564	4,184	3,862	3,586	3,347	3,138	2,953	2,789	2,642	2,510
月20万円（年額240万円）	16,000	12,000	9,600	8,000	6,858	6,000	5,334	4,800	4,364	4,000	3,693	3,429	3,200	3,000	2,824	2,667	2,527	2,400
	20,080	15,060	12,048	10,040	8,606	7,530	6,694	6,024	5,477	5,020	4,634	4,303	4,016	3,765	3,544	3,347	3,171	3,012
	22,311	16,733	13,387	11,156	9,562	8,367	7,437	6,694	6,085	5,578	5,149	4,781	4,463	4,184	3,938	3,719	3,523	3,347
月25万円（年額300万円）	20,000	15,000	12,000	10,000	8,572	7,500	6,667	6,000	5,455	5,000	4,616	4,286	4,000	3,750	3,530	3,334	3,158	3,000
	25,099	18,825	15,060	12,550	10,757	9,413	8,367	7,530	6,846	6,275	5,793	5,379	5,020	4,707	4,430	4,184	3,963	3,765
	27,888	20,916	16,733	13,944	11,952	10,458	9,296	8,367	7,606	6,972	6,436	5,976	5,578	5,229	4,922	4,648	4,404	4,184
月30万円（年額360万円）	24,000	18,000	14,400	12,000	10,286	9,000	8,000	7,200	6,546	6,000	5,539	5,143	4,800	4,500	4,236	4,000	3,790	3,600
	30,119	22,589	18,072	15,060	12,908	11,295	10,040	9,036	8,215	7,530	6,951	6,454	6,024	5,648	5,316	5,020	4,756	4,518
	33,466	25,099	20,080	16,733	14,343	12,550	11,156	10,040	9,127	8,367	7,723	7,172	6,694	6,275	5,906	5,578	5,284	5,020
月35万円（年額420万円）	28,000	21,000	16,800	14,000	12,000	10,500	9,334	8,400	7,637	7,000	6,462	6,000	5,600	5,250	4,942	4,667	4,422	4,200
	35,139	26,354	21,084	17,570	15,060	13,177	11,713	10,542	9,584	8,785	8,109	7,530	7,028	6,589	6,201	5,857	5,549	5,271
	39,043	29,282	23,426	19,522	16,733	14,641	13,015	11,713	10,648	9,761	9,010	8,367	7,809	7,321	6,890	6,508	6,165	5,857
月40万円（年額480万円）	32,000	24,000	19,200	16,000	13,715	12,000	10,667	9,600	8,728	8,000	7,385	6,858	6,400	6,000	5,648	5,334	5,053	4,800
	40,159	30,119	24,095	20,080	17,211	15,060	13,387	12,048	10,953	10,040	9,268	8,606	8,032	7,530	7,087	6,694	6,341	6,024
	44,621	33,466	26,773	22,311	19,123	16,733	14,874	13,387	12,170	11,156	10,297	9,562	8,925	8,367	7,875	7,437	7,046	6,694
月45万円（年額540万円）	36,000	27,000	21,600	18,000	15,429	13,500	12,000	10,800	9,819	9,000	8,308	7,715	7,200	6,750	6,353	6,000	5,685	5,400
	45,178	33,884	27,107	22,589	19,362	16,942	15,060	13,554	12,322	11,295	10,426	9,681	9,036	8,471	7,973	7,530	7,134	6,777
	50,198	37,649	30,119	25,099	21,514	18,825	16,733	15,060	13,691	12,550	11,585	10,757	10,040	9,413	8,859	8,367	7,926	7,530
月50万円（年額600万円）	40,000	30,000	24,000	20,000	17,143	15,000	13,334	12,000	10,910	10,000	9,231	8,572	8,000	7,500	7,059	6,667	6,316	6,000
	50,198	37,649	30,119	25,099	21,514	18,825	16,733	15,060	13,691	12,550	11,585	10,757	10,040	9,413	8,859	8,367	7,926	7,530
	55,776	41,832	33,466	27,888	23,904	20,916	18,592	16,733	15,212	13,944	12,872	11,952	11,156	10,458	9,843	9,296	8,807	8,367
月60万円（年額720万円）	48,000	36,000	28,800	24,000	20,572	18,000	16,000	14,400	13,091	12,000	11,077	10,286	9,600	9,000	8,471	8,000	7,579	7,200
	60,238	45,178	36,143	30,119	25,816	22,589	20,080	18,072	16,429	15,060	13,901	12,908	12,048	11,295	10,631	10,040	9,512	9,036
	66,931	50,198	40,159	33,466	28,685	25,099	22,311	20,080	18,254	16,733	15,446	14,343	13,387	12,550	11,812	11,156	10,568	10,040
月70万円（年額840万円）	56,000	42,000	33,600	28,000	24,000	21,000	18,667	16,800	15,273	14,000	12,924	12,000	11,200	10,500	9,883	9,334	8,843	8,400
	70,277	52,708	42,167	35,139	30,119	26,354	23,426	21,084	19,167	17,570	16,218	15,060	14,056	13,177	12,402	11,713	11,097	10,542
	78,086	58,564	46,852	39,043	33,466	29,282	26,029	23,426	21,296	19,522	18,020	16,733	15,618	14,641	13,780	13,015	12,330	11,713
月80万円（年額960万円）	64,000	48,000	38,400	32,000	27,429	24,000	21,334	19,200	17,455	16,000	14,770	13,715	12,800	12,000	11,295	10,667	10,106	9,600
	80,317	60,238	48,190	40,159	34,422	30,119	26,773	24,095	21,905	20,080	18,535	17,211	16,064	15,060	14,174	13,387	12,682	12,048
	89,241	66,931	53,545	44,621	38,246	33,466	29,747	26,773	24,339	22,311	20,594	19,123	17,849	16,733	15,749	14,874	14,091	13,387
月90万円（年額1,080万円）	72,000	54,000	43,200	36,000	30,858	27,000	24,000	21,600	19,637	18,000	16,616	15,429	14,400	13,500	12,706	12,000	11,369	10,800
	90,356	67,767	54,214	45,178	38,724	33,884	30,119	27,107	24,643	22,589	20,852	19,362	18,072	16,942	15,946	15,060	14,267	13,554
	100,396	75,297	60,238	50,198	43,027	37,649	33,466	30,119	27,381	25,099	23,169	21,514	20,080	18,825	17,717	16,733	15,852	15,060
月100万円（年額1,200万円）	80,000	60,000	48,000	40,000	34,286	30,000	26,667	24,000	21,819	20,000	18,462	17,143	16,000	15,000	14,118	13,334	12,632	12,000
	100,396	75,297	60,238	50,198	43,027	37,649	33,466	30,119	27,381	25,099	23,169	21,514	20,080	18,825	17,717	16,733	15,852	15,060
	111,551	83,663	66,931	55,776	47,808	41,832	37,184	33,466	30,423	27,888	25,743	23,904	22,311	20,916	19,686	18,592	17,614	16,733

■毎月1万円の配当金をもらうにはいくら必要？

➡ **利回り3％想定＆税金考慮**
◇日本株だと502万円
◇米国株だと558万円

➡ **利回り4％想定＆税金考慮**
◇日本株だと377万円
◇米国株だと419万円

➡ **利回り5％想定＆税金考慮**
◇日本株だと302万円
◇米国株だと335万円

■毎月3万円の配当金をもらうにはいくら必要？

➡ **利回り3％想定＆税金考慮**
◇日本株だと1,506万円
◇米国株だと1,674万円

➡ **利回り4％想定＆税金考慮**
◇日本株だと1,130万円
◇米国株だと1,255万円

➡ **利回り5％想定＆税金考慮**
◇日本株だと904万円
◇米国株だと1,004万円

■毎月5万円の配当金をもらうにはいくら必要？

➡ 利回り3%想定＆税金考慮
◇日本株だと2,510万円
◇米国株だと2,789万円

➡ 利回り4%想定＆税金考慮
◇日本株だと1,883万円
◇米国株だと2,092万円

➡ 利回り5%想定＆税金考慮
◇日本株だと1,506万円
◇米国株だと1,674万円

■毎月10万円の配当金をもらうにはいくら必要？

➡ 利回り3%想定＆税金考慮
◇日本株だと5,020万円
◇米国株だと5,578万円

➡ 利回り4%想定＆税金考慮
◇日本株だと3,765万円
◇米国株だと4,184万円

➡ 利回り5%想定＆税金考慮
◇日本株だと3,012万円
◇米国株だと3,347万円

■配当金生活（＝配当金だけで生活できる状態）を送るにはいくら必要？

☑ **毎月20万円の配当金を前提とする場合**

➡ **利回り3％想定＆税金考慮**
◇日本株だと1億40万円
◇米国株だと1億1,156万円

➡ **利回り4％想定＆税金考慮**
◇日本株だと7,530万円
◇米国株だと8,367万円

☑ **毎月30万円の配当金を前提とする場合**

➡ **利回り3％想定＆税金考慮**
◇日本株だと1億5,060万円
◇米国株だと1億6,733万円

➡ **利回り4％想定＆税金考慮**
◇日本株だと1億1,295万円
◇米国株だと1億2,550万円

投資熊（とうしくま）

何もかも普通な状態からお金持ちを目指して奮闘中の動物投資家。
「癒し×投資」をテーマとしたクマワールド全開のX（旧Twitter）
アカウントは、実用的な発信が好評で、フォロワー数はアカウント
開設3年あまりで8万人超え。
2016年から投資を始め、7度の退場（高配当株、悪質投資案件、
FX、仮想通貨）を経験。
現在は「アクティブ運用でインデックスを超えるパフォーマンスを
出す」ことを目標に、「コア（長期）＋サテライト（短期〜中期)」
戦略を駆使し、2020年5月〜現在まで目標達成中。
得意分野は配当株投資、米国ETF、投資詐欺啓発活動。
ポートフォリオの4割以上の銘柄がダブルバガー以上を経験。

X（旧Twitter）
https://x.com/invest_kumakuma

ブログ
https://invest-kumakuma.com/

これ一冊でクマらない！最強の配当株投資

2024年7月4日　　初版発行

著者　投資熊
発行者　和田智明
発行所　株式会社　ぱる出版
〒160-0011　東京都新宿区若葉1-9-16
03(3353)2835―代表
03(3353)2826―FAX
印刷・製本　中央精版印刷(株)
本書籍に関するお問い合わせ、ご連絡は下記にて承ります。
https://www.pal-pub.jp/contact

ISBN978-4-8272-1430-7　C0033